Thaise Smaaksensaties

De Magie van de Oosterse Keuken Ontdekken

Anna de Jong

Inhoudsopgave

Garnalen met lycheesaus *10*
gebakken mandarijngarnalen *11*
Garnalen Met Peultjes *12*
Garnalen Met Chinese Champignons *13*
Garnalen en geroosterde erwten *14*
Garnalen Met Mangochutney *15*
Gefrituurde garnalenballetjes met uiensaus *16*
Mandarijngarnalen met erwtjes *17*
Peking Garnalen *18*
garnalen met peper *19*
Garnalen gebakken met varkensvlees *20*
Gebakken garnalen met sherrysaus *21*
Gebakken Garnalen Met Sesam *22*
Garnalen roerei in de schaal *23*
gebakken garnalen *24*
tempura garnalen *25*
kauwgom *26*
garnalen met tofu *27*
garnalen met tomaat *28*
Garnalen Met Tomatensaus *28*
Garnalen met tomaten- en chilisaus *29*
Gebakken Garnalen Met Tomatensaus *30*
garnalen met groenten *32*
Garnalen met waterkastanjes *33*
garnalen wontons *34*
abalone met kip *35*
abalone met asperges *36*
abalone met champignons *37*
Abalone Met Oestersaus *38*
gestoomde mosselen *39*
Mosselen met taugé *39*
Mosselen Met Gember En Knoflook *40*

gebakken mosselen 41
krabkoekjes 42
krab crème 43
Krabvlees met Chinese bladeren 44
Krab Foo Yung met taugé 45
krab met gember 46
Krab Lo Mein 47
Roergebakken Krab Met Varkensvlees 48
Gebakken Krabvlees 49
gefrituurde inktvisballetjes 50
Kantonese kreeft 51
gebakken kreeft 52
Gestoomde kreeft met ham 53
kreeft met champignons 54
Kreeftenstaartjes met varkensvlees 55
gesauteerde kreeft 56
kreeft nest 58
Mosselen in zwarte bonensaus 59
mosselen met gember 60
gestoomde mosselen 61
gebakken oesters 62
oesters met spek 63
Gebakken oesters met gember 64
Oesters Met Zwarte Bonensaus 65
Coquilles Met Bamboescheuten 66
sint-jakobsschelpen met eieren 67
coquilles met broccoli 68
coquilles met gember 69
coquilles met ham 70
Roerei met kruiden 71
Gesauteerde Sint-jakobsschelpen en uien 72
coquilles met groenten 73
coquilles met paprika 75
Inktvis met taugé 76
gefrituurde inktvis 77
inktvis pakken 78

Gefrituurde octopusrolletjes	79
gesauteerde inktvis	80
Inktvis met gedroogde paddenstoelen	81
inktvis met groenten	82
gekookt vlees met anijs	83
kalfsvlees met asperges	84
Biefstuk Met Bamboescheuten	85
Biefstuk Met Bamboescheuten En Champignons	86
Chinees gebakken vlees	87
Biefstuk met taugé	88
biefstuk met broccoli	89
Sesambiefstuk met broccoli	90
gegrilde steak	92
Kantonees rundvlees	93
kalfsvlees met wortelen	94
Biefstuk Met Cashewnoten	95
Rundvleesstoofpot uit de slowcooker	96
Biefstuk Met Bloemkool	97
kalfsvlees met bleekselderij	98
Stukjes geroosterd vlees met bleekselderij	99
Rundvleesreepjes met kip en selderij	100
gekruid vlees	101
Biefstuk Met Chinese Kool	103
Biefstuk Suey	104
kalfsvlees met komkommer	105
rundvlees chow mein	106
komkommer biefstuk	108
gestoofde rundvleescurry	109
gemarineerde abalone	110
Stoofpotje van bamboescheuten	111
komkommer kip	112
kip sesam	113
lychee met gember	114
Rode gekookte kippenvleugels	115
krab met komkommer	116
de gemarineerde champignon	117

Gemarineerde Knoflook Champignons *118*
garnalen en bloemkool *119*
sesam ham sticks *120*
koude tahoe *121*
Kip Met Spek *122*
Gebakken kip en banaan *123*
Kip Met Gember En Champignons *124*
kip en ham *126*
Gegrilde Kippenlever *127*
Krabballetjes met waterkastanjes *128*
dim sum *129*
Rolletjes ham en kip *130*
Gebakken Ham Empanadas *132*
gerookte vis *133*
gevulde champignons *135*
Champignons in oestersaus *136*
Varkensrolletjes en salade *137*
Gehaktballetjes van varkensvlees en kastanje *139*
varkensvlees balletjes *140*
Gehaktballen van varkensvlees en rundvlees *141*
vlinder garnalen *142*
chinese garnaal *143*
kroepoek *144*
krokante garnalen *145*
Grote garnalen met gembersaus *146*
Garnalen en pastarolletjes *147*
toast met garnalen *149*
Wontons van varkensvlees en garnalen met zoetzure saus *150*
Kippensoep *152*
Soep van varkensvlees en taugé *153*
Abalone en Champignonsoep *154*
Kip en aspergesoep *156*
Vleessoep *157*
Chinese runder- en bladsoep *158*
Koolsoep *159*
pittige rundersoep *160*

hemelse soep *162*
Soep van kip en bamboescheuten *163*
Kip en Maïssoep *164*
Kip en gembersoep *165*
Chinese Kippensoep Met Champignons *166*
Kip en rijstsoep *167*
Kip en kokossoep *168*
mossel soep *169*
eiersoep *170*
Krab- en Jacobsschelpsoep *171*
krab soep *173*
Vissoep *174*
Vissoep en salade *175*
Gembersoep Met Gehaktballen *177*
sterke en zure soep *178*
Champignonsoep *179*
Champignon- en boerenkoolsoep *180*
Champignon Ei Soep *181*
Champignon- en waterkastanjesoep *182*
Soep van varkensvlees en champignons *183*
Soep van varkensvlees en waterkers *184*
varkens-komkommersoep *185*
Soep met gehaktballen en noedels *186*
Spinazie en tofusoep *187*
Suikermaïs en krabsoep *188*
szechuan soep *189*
tofu soep *191*
Tofu en vissoep *192*
Tomatensoep *193*
Tomaten-spinaziesoep *194*
raap soep *195*
Groentesoep *196*
vegetarische soep *197*
Waterkers Soep *198*
Gebakken vis met groenten *199*
geroosterde hele vis *201*

gestoofde sojavis 202
Sojavis met oestersaus 203
gestoomde zeebaars 205
Gestoofde vis met champignons 206
zoete en zure vis 208
Vis gevuld met varkensvlees 210
gestoofde pittige karper 212
Kalfsvlees Met Oestersaus 214

Garnalen met lycheesaus

voor 4 personen

50g/2oz/½ enkele kop (voor alle doeleinden) meel

2,5 ml/½ theelepel zout

1 ei, licht losgeklopt

30 ml / 2 eetlepels water

450 g/1 kg gepelde garnalen

frituurolie

30 ml / 2 el arachideolie

2 plakjes gehakte gemberwortel

30 ml/2 eetlepels wijnazijn

5 ml/1 theelepel suiker

2,5 ml/½ theelepel zout

15 ml / 1 el sojasaus

200 g lychees uit blik, uitgelekt

Klop de bloem, het zout, de eieren en het water tot er een deeg ontstaat, voeg indien nodig wat meer water toe. Gooi met garnalen tot ze goed bedekt zijn. Verhit de olie en bak de garnalen in een paar minuten goudbruin en krokant. Laat uitlekken op keukenpapier en leg op een hete plaat. Verhit ondertussen de olie en fruit de gember 1 minuut. Voeg wijnazijn, suiker, zout en sojasaus toe. Voeg de lychee toe en roer tot deze heet is en bedekt met de saus. Giet over de garnalen en dien onmiddellijk op.

gebakken mandarijngarnalen

voor 4 personen

60 ml / 4 eetlepels arachideolie

1 teentje knoflook, geplet

1 plakje gehakte gemberwortel

450 g/1 kg gepelde garnalen

30 ml/2 el rijstwijn of droge sherry 30 ml/2 el sojasaus

15 ml / 1 el maizena (maizena)

45 ml / 3 eetlepels water

Verhit de olie en bak hierin de knoflook en gember licht goudbruin. Voeg de garnalen toe en bak 1 minuut mee. Voeg wijn of sherry toe en meng goed. Voeg sojasaus, maïsmeel en water toe en bak 2 minuten.

Garnalen Met Peultjes

voor 4 personen

5 Chinese gedroogde paddenstoelen

225 g taugé

60 ml / 4 eetlepels arachideolie

5 ml/1 theelepel zout

2 fijngehakte stengels bleekselderij

4 lente-uitjes (lente-uitjes), fijngehakt

2 teentjes knoflook, fijngehakt

2 plakjes gehakte gemberwortel

60 ml / 4 eetlepels water

15 ml / 1 el sojasaus

15 ml / 1 el droge sherry of rijstwijn

8 ons/225 g erwten

8 oz/225 g gepelde garnalen

15 ml / 1 el maizena (maizena)

Week de champignons 30 minuten in warm water en giet ze af. Gooi de stelen weg en snijd de uiteinden af. Blancheer de taugé 5 minuten in kokend water en laat goed uitlekken. Verhit de helft van de olie en fruit het zout, de selderij, de sjalotjes en de taugé 1 minuut en haal ze dan uit de pan. Verhit de resterende olie en bak hierin de knoflook en gember licht goudbruin. Voeg de helft van het water, sojasaus, wijn of sherry, erwten en garnalen toe, breng aan de kook en kook 3 minuten. Klop de maïsmeel en het resterende water tot een pasta, roer de koekenpan erdoor en kook al roerend tot de saus dikker wordt. Doe de groenten terug in de pan, kook tot ze erdoorheen zijn verwarmd. Serveer onmiddellijk.

Garnalen Met Chinese Champignons

voor 4 personen

8 Chinese gedroogde paddenstoelen

45 ml / 3 el arachideolie

3 plakjes gehakte gemberwortel

450 g/1 kg gepelde garnalen

15 ml / 1 el sojasaus

5 ml/1 theelepel zout

60 ml / 4 el visbouillon

Week de champignons 30 minuten in warm water en giet ze af. Gooi de stelen weg en snijd de uiteinden af. Verhit de helft van de olie en bak de gember licht goudbruin. Voeg de garnalen, sojasaus en zout toe en bak tot ze bedekt zijn met olie en haal ze dan uit de pan. Verhit de rest van de olie en bak de champignons totdat ze bedekt zijn met olie. Voeg bouillon toe, breng aan de kook, dek af en kook gedurende 3 minuten. Doe de garnalen terug in de pan en roer tot ze gaar zijn.

Garnalen en geroosterde erwten

voor 4 personen

450 g/1 kg gepelde garnalen

5ml/1 theelepel sesamolie

5 ml/1 theelepel zout

30 ml / 2 el arachideolie

1 teentje knoflook, geplet

1 plakje gehakte gemberwortel

8 oz/225 g bevroren of geblancheerde erwten, ontdooid

4 lente-uitjes (lente-uitjes), fijngehakt

30 ml / 2 eetlepels water

zout en peper

Meng de garnalen met sesamolie en zout. Verhit de olie en fruit hierin de knoflook en gember 1 minuut. Voeg de garnalen toe en bak 2 minuten mee. Voeg de doperwten toe en bak 1 minuut mee. Voeg de lente-uitjes en het water toe en breng op smaak met peper en zout en eventueel nog wat sesamolie. Opwarmen, zachtjes roeren, voor het opdienen.

Garnalen Met Mangochutney

voor 4 personen

12 garnalen

zout en peper

1 citroensap

30 ml / 2 el maizena (maizena)

1 mango

5ml/1 theelepel mosterdpoeder

5ml/1 theelepel honing

30 ml / 2 eetlepels kokoscrème

30 ml/2 eetlepels milde kerriepoeder

120 ml kippenbouillon

45 ml / 3 el arachideolie

2 teentjes knoflook, fijngehakt

2 lente-uitjes (lente-uitjes), fijngehakt

1 venkelui, gesnipperd
100 g mangochutney

Pel de garnalen en laat de staarten heel. Bestrooi met zout, peper en citroensap en bedek met de helft van de maïsmeel. Schil de mango, snijd het vruchtvlees van het bot en hak het vruchtvlees fijn. Roer de mosterd, honing, kokosroom, kerriepoeder, resterende maïsmeel en bouillon erdoor. Verhit de helft van de olie en fruit hierin de knoflook, bieslook en venkel 2 minuten. Voeg het bouillonmengsel toe, breng aan de kook en kook 1 minuut. Voeg de mangoblokjes en hete saus toe en verwarm zachtjes, en doe dan op een warme schaal. Verhit de rest van de olie en bak de garnalen 2 minuten. Voeg de groenten toe en serveer direct.

Gefrituurde garnalenballetjes met uiensaus

voor 4 personen

3 lichtgeklopte eieren
45 ml / 3 el bloem voor alle doeleinden (voor alle doeleinden)
zout en versgemalen peper
450 g/1 kg gepelde garnalen

frituurolie

15 ml / 1 el arachideolie

2 gesnipperde uien

15 ml / 1 el maizena (maizena)

30 ml / 2 el sojasaus

175 ml/6 fl oz/elk kopje water

Meng eieren, bloem, zout en peper. Giet de garnalen in het beslag. Verhit de olie en bak de garnalen goudbruin. Verhit ondertussen de olie en fruit de ui 1 minuut. Meng de resterende ingrediënten tot een pasta, voeg de ui toe en kook al roerend tot de saus dikker wordt. Laat de garnalen uitlekken en leg ze op een hete plaat. Schenk de saus erover en serveer direct.

Mandarijngarnalen met erwtjes

voor 4 personen

60 ml / 4 eetlepels arachideolie

1 teentje knoflook, fijngehakt

1 plakje gehakte gemberwortel

450 g/1 kg gepelde garnalen

30 ml / 2 el rijstwijn of droge sherry

225 g diepvrieserwten, ontdooid

30 ml / 2 el sojasaus

15 ml / 1 el maizena (maizena)

45 ml / 3 eetlepels water

Verhit de olie en bak hierin de knoflook en gember licht goudbruin. Voeg de garnalen toe en bak 1 minuut mee. Voeg wijn of sherry toe en meng goed. Voeg de doperwten toe en bak 5 minuten mee. Voeg de resterende ingrediënten toe en bak 2 minuten.

Peking Garnalen

voor 4 personen

30 ml / 2 el arachideolie

2 teentjes knoflook, fijngehakt

1 plakje gemberwortel, fijngehakt

8 oz/225 g gepelde garnalen

4 lente-uitjes (lente-uitjes), in dikke plakken gesneden

120 ml kippenbouillon

5 ml / 1 tl bruine suiker

5ml/1 theelepel sojasaus

5 ml/1 theelepel hoisinsaus

5 ml / 1 tl Tabasco-saus

Verhit de olie met de knoflook en gember en bak tot de knoflook lichtbruin is. Voeg de garnalen toe en bak 1 minuut mee. Voeg de bieslook toe en bak 1 minuut mee. Voeg de overige ingrediënten toe, breng aan de kook, dek af en kook 4 minuten, af en toe roerend. Proef de smaak en voeg eventueel nog wat Tabasco toe.

garnalen met peper

voor 4 personen

30 ml / 2 el arachideolie

1 groene paprika, in stukjes gesneden

450 g/1 kg gepelde garnalen

10 ml / 2 tl maïsmeel (maizena)

60 ml / 4 eetlepels water

5 ml/1 theelepel rijstwijn of droge sherry

2,5 ml/¬Ω theelepel zout

45 ml / 2 el tomatenpuree (puree)

Verhit de olie en fruit de paprika 2 minuten. Voeg de garnalen en tomatenpuree toe en meng goed. Klop het maïsmeelwater, wijn of sherry en zout tot een pasta, roer in de pan en kook al roerend tot de saus helder en ingedikt is.

Garnalen gebakken met varkensvlees

voor 4 personen

8 oz/225 g gepelde garnalen

4 oz/100 g mager varkensvlees, versnipperd

60 ml / 4 el rijstwijn of droge sherry

1 eiwit

45 ml / 3 el maïsmeel (maizena)

5 ml/1 theelepel zout

15 ml / 1 el water (optioneel)

90 ml/6 eetlepels arachideolie

45 ml / 3 el visbouillon

5ml/1 theelepel sesamolie

Doe garnalen en varkensvlees in aparte kommen. Meng 3 el/45 ml wijn of sherry, eiwit, 2 el/30 ml maizena en zout tot een los deeg, voeg indien nodig water toe. Verdeel het mengsel tussen het varkensvlees en de garnalen en draai goed zodat het gelijkmatig is. Verhit de olie en bak het varkensvlees en de garnalen in enkele minuten goudbruin. Haal uit de pan en giet alles behalve 15 ml / 1 el olie erbij. Voeg de bouillon toe aan de pot met de rest van de wijn of sherry en de maïsmeel. Breng aan de kook en kook, al roerend, tot de saus dikker wordt. Giet over garnalen en varkensvlees en serveer bestrooid met sesamolie.

Gebakken garnalen met sherrysaus

voor 4 personen

50 g bloem (universeel)

2,5 ml/¬Ω theelepel zout

1 ei, licht losgeklopt

30 ml / 2 eetlepels water

450 g/1 kg gepelde garnalen

frituurolie

15 ml / 1 el arachideolie

1 ui, fijngehakt

45 ml / 3 el rijstwijn of droge sherry

15 ml / 1 el sojasaus

120 ml visbouillon

10 ml / 2 tl maïsmeel (maizena)

30 ml / 2 eetlepels water

Klop de bloem, het zout, de eieren en het water tot er een deeg ontstaat, voeg indien nodig wat meer water toe. Gooi met garnalen tot ze goed bedekt zijn. Verhit de olie en bak de garnalen in een paar minuten goudbruin en krokant. Laat uitlekken op keukenpapier en doe in een hete pan. Verhit ondertussen de olie en fruit de ui glazig. Voeg wijn of sherry, sojasaus en bouillon toe, breng aan de kook en kook gedurende 4 minuten. Klop de maïsmeel en het water tot een pasta, roer in de pan en kook al roerend tot de saus helder en dik is. Giet de saus over de garnalen en serveer.

Gebakken Garnalen Met Sesam

voor 4 personen

450 g/1 kg gepelde garnalen

¬Ω eiwit

5ml/1 theelepel sojasaus

5ml/1 theelepel sesamolie

50 g maïsmeel (maïzena)
zout en versgemalen witte peper
frituurolie
60 ml/4 el sesamzaadjes
Sla blaadjes

Meng garnalen met eiwit, sojasaus, sesamolie, maïzena, zout en peper. Voeg een beetje water toe als het mengsel te dik is. Verhit de olie en bak de garnalen een paar minuten tot ze licht goudbruin zijn. Rooster ondertussen de sesamzaadjes in een droge koekenpan kort goudbruin. Giet de garnalen af en meng met de sesamzaadjes. Serveer op een bedje van sla.

Garnalen roerei in de schaal

voor 4 personen
60 ml / 4 eetlepels arachideolie
750 g gepelde garnalen
3 lente-uitjes (lente-uitjes), fijngehakt
3 plakjes gehakte gemberwortel
2,5 ml/¬Ω theelepel zout
15 ml / 1 el droge sherry of rijstwijn

120 ml tomatensaus (ketchup)

15 ml / 1 el sojasaus

15 ml / 1 eetlepel suiker

15 ml / 1 el maizena (maizena)

60 ml / 4 eetlepels water

Verhit de olie en bak de garnalen 1 minuut als ze gaar zijn of tot ze roze zijn als ze niet gaar zijn. Voeg de sjalotten, gember, zout en wijn of sherry toe en roerbak 1 minuut. Tomatensaus, sojasaus en suiker toevoegen en 1 minuut meebakken. Meng de maïsmeel met het water, doe het in de pan en kook al roerend tot de saus helder en dik is.

gebakken garnalen

voor 4 personen

75 g/3 oz/¬° kop volle maïsmeel (maizena)

1 eiwit

5 ml/1 theelepel rijstwijn of droge sherry

zout

350 g gepelde garnalen

frituurolie

Klop de maïsmeel, eiwitten, wijn of sherry en een snufje zout tot een dik beslag. Doop de garnalen in het beslag tot ze goed bedekt zijn. Verhit de olie op matige temperatuur en bak de garnalen in enkele minuten goudbruin. Haal uit de olie, verwarm tot zeer heet en bak de garnalen opnieuw tot ze krokant en goudbruin zijn.

tempura garnalen

voor 4 personen

450 g/1 kg gepelde garnalen
30 ml / 2 el bloem voor alle doeleinden (voor alle doeleinden)
30 ml / 2 el maizena (maizena)
30 ml / 2 eetlepels water
2 losgeklopte eieren
frituurolie

Snijd de garnalen in het midden van de binnenbocht en open ze in een vlindervorm. Meng de bloem, maïsmeel en water tot een deeg en voeg de eieren toe. Verhit de olie en bak de garnalen goudbruin.

kauwgom

voor 4 personen

30 ml / 2 el arachideolie

2 lente-uitjes (lente-uitjes), fijngehakt

1 teentje knoflook, geplet

1 plakje gehakte gemberwortel

100 g kipfilet, in reepjes gesneden

100 g ham in reepjes gesneden

100 g / 4 oz bamboescheuten, in reepjes gesneden

100 g waterkastanjes, in reepjes gesneden

8 oz/225 g gepelde garnalen

30 ml / 2 el sojasaus

30 ml / 2 el rijstwijn of droge sherry

5 ml/1 theelepel zout

5 ml/1 theelepel suiker

5 ml / 1 tl maïsmeel (maïszetmeel)

Verhit de olie en fruit hierin de sjalotjes, knoflook en gember licht goudbruin. Voeg de kip toe en bak 1 minuut mee. Voeg de ham, bamboescheuten en waterkastanjes toe en roerbak 3 minuten. Voeg de garnalen toe en bak 1 minuut mee. Voeg sojasaus, wijn of sherry, zout en suiker toe en bak 2 minuten.

Meng de maïsmeel met een beetje water, roer in de pan en kook op laag vuur al roerend gedurende 2 minuten.

garnalen met tofu

voor 4 personen

45 ml / 3 el arachideolie
225 g tofu, in blokjes
1 sjalot (lente-uitjes), gesnipperd
1 teentje knoflook, geplet
15 ml / 1 el sojasaus
5 ml/1 theelepel suiker
90 ml / 6 eetlepels visbouillon
8 oz/225 g gepelde garnalen
15 ml / 1 el maizena (maizena)
45 ml / 3 eetlepels water

Verhit de helft van de olie en bak de tofu lichtbruin en haal uit de pan. Verhit de resterende olie en bak de ui en knoflook licht goudbruin. Voeg sojasaus, suiker en bouillon toe en breng aan de kook. Voeg de garnalen toe en roer op laag vuur gedurende 3 minuten. Klop de maïsmeel en het water tot een pasta, roer in de pan en kook, al roerend, tot de saus dikker wordt. Doe de tofu terug in de pan en kook tot hij goed warm is.

garnalen met tomaat

voor 4 personen

2 eiwitten

30 ml / 2 el maizena (maizena)

5 ml/1 theelepel zout

450 g/1 kg gepelde garnalen

frituurolie

30 ml / 2 el rijstwijn of droge sherry

8 oz / 225 g tomaten, geschild, ontpit en in stukjes gesneden

Klop de eiwitten, maïsmeel en zout door elkaar. Voeg garnalen toe tot ze goed bedekt zijn. Verhit de olie en bak de garnalen gaar. Verwijder alles behalve 15 ml / 1 el olie en verwarm opnieuw. Voeg de wijn of sherry en tomaten toe en breng aan de kook. Voeg garnalen toe en verwarm snel voor het opdienen.

Garnalen Met Tomatensaus

voor 4 personen

30 ml / 2 el arachideolie

1 teentje knoflook, geplet

2 plakjes gehakte gemberwortel

2,5 ml/¬Ω theelepel zout

15 ml / 1 el droge sherry of rijstwijn

15 ml / 1 el sojasaus

6ml/4 eetlepels tomatensaus (ketchup)

120 ml visbouillon

350 g gepelde garnalen

10 ml / 2 tl maïsmeel (maizena)

30 ml / 2 eetlepels water

Verhit de olie en fruit hierin de knoflook, gember en zout 2 minuten. Voeg wijn of sherry, sojasaus, tomatensaus en bouillon toe en breng aan de kook. Voeg de garnalen toe, dek af en kook 2 minuten. Klop de maïsmeel en het water tot een pasta, roer in de pan en kook al roerend tot de saus helder en ingedikt is.

Garnalen met tomaten- en chilisaus

voor 4 personen

60 ml / 4 eetlepels arachideolie

15 ml / 1 eetlepel fijngehakte gember
15 ml / 1 el gehakte knoflook
15 ml / 1 el gehakte bieslook
60 ml/4 eetlepels tomatenpuree (pasta)
15 ml / 1 el hete saus
450 g/1 kg gepelde garnalen
15 ml / 1 el maizena (maizena)
15 ml / 1 eetlepel water

Verhit de olie en fruit hierin de gember, knoflook en bieslook 1 minuut. Voeg de tomatenpuree en hete saus toe en meng goed. Voeg de garnalen toe en bak 2 minuten mee. Meng de maïsmeel en het water tot een pasta, roer in de pan en kook tot de saus dikker wordt. Serveer onmiddellijk.

Gebakken Garnalen Met Tomatensaus

voor 4 personen

50 g bloem (universeel)

2,5 ml/¬Ω theelepel zout

1 ei, licht losgeklopt

30 ml / 2 eetlepels water

450 g/1 kg gepelde garnalen

frituurolie

30 ml / 2 el arachideolie

1 ui, fijngehakt

2 plakjes gehakte gemberwortel

75 ml / 5 eetlepels tomatensaus (ketchup)

10 ml / 2 tl maïsmeel (maizena)

30 ml / 2 eetlepels water

Klop de bloem, het zout, de eieren en het water tot er een deeg ontstaat, voeg indien nodig wat meer water toe. Gooi met garnalen tot ze goed bedekt zijn. Verhit de olie en bak de garnalen in een paar minuten goudbruin en krokant. Laat uitlekken op keukenpapier.

Verhit ondertussen de olie en fruit hierin de ui en gember tot ze zacht zijn. Voeg de tomatensaus toe en bak 3 minuten mee. Klop de maïsmeel en het water tot een pasta, roer in de pan en kook, al roerend, tot de saus dikker wordt. Voeg de garnalen toe aan de koekenpan en bak op laag vuur tot ze gaar zijn. Serveer onmiddellijk.

garnalen met groenten

voor 4 personen

15 ml / 1 el arachideolie

225 g broccoliroosjes

225 g champignons

225 g bamboescheuten, in plakjes

450 g/1 kg gepelde garnalen

120 ml kippenbouillon

5 ml / 1 tl maïsmeel (maïszetmeel)

5ml/1 theelepel oestersaus

2,5 ml/¬Ω theelepel suiker

2,5ml/¬Ω theelepel geraspte gemberwortel

snufje versgemalen peper

Verhit de olie en bak de broccoli 1 minuut. Voeg de champignons en bamboescheuten toe en bak 2 minuten mee. Voeg de garnalen toe en bak 2 minuten mee. Combineer de resterende ingrediënten en roer door het garnalenmengsel. Breng aan de kook, onder voortdurend roeren, en kook gedurende 1 minuut, onder voortdurend roeren.

Garnalen met waterkastanjes

voor 4 personen

60 ml / 4 eetlepels arachideolie

1 teentje knoflook, fijngehakt

1 plakje gehakte gemberwortel

450 g/1 kg gepelde garnalen

30 ml / 2 el rijstwijn of droge sherry 225 g / 8 oz gesneden waterkastanjes

30 ml / 2 el sojasaus

15 ml / 1 el maizena (maizena)

45 ml / 3 eetlepels water

Verhit de olie en bak hierin de knoflook en gember licht goudbruin. Voeg de garnalen toe en bak 1 minuut mee. Voeg wijn of sherry toe en meng goed. Voeg de waterkastanjes toe en bak 5 minuten mee. Voeg de resterende ingrediënten toe en bak 2 minuten.

garnalen wontons

voor 4 personen

450 g garnalen, gepeld en in blokjes gesneden
8 oz/225 g gemengde groenten, gehakt
15 ml / 1 el sojasaus
2,5 ml/¬Ω theelepel zout
een paar druppels sesamolie
40 wontonvellen
frituurolie

Meng garnalen, groenten, sojasaus, zout en sesamolie.

Om de wontons te vouwen, houdt u de huid in de palm van uw linkerhand en giet u een deel van de vulling in het midden. Bevochtig de randen met ei en vouw de huid in een driehoek, sluit de randen af. Bevochtig de hoeken met ei en draai ze om.

Verhit de olie en bak de wontons met een paar tegelijk goudbruin. Laat goed uitlekken voor het opdienen.

abalone met kip

voor 4 personen

Abalone-doos van 400 g/14 oz
30 ml / 2 el arachideolie
100 g kipfilet, in blokjes
100 g / 4 oz bamboescheuten, in plakjes
250 ml / 8 fl oz / 1 kop visbouillon
15 ml / 1 el droge sherry of rijstwijn
5 ml/1 theelepel suiker
2,5 ml/¬Ω theelepel zout
15 ml / 1 el maizena (maizena)
45 ml / 3 eetlepels water

Giet de abalone af en snijd hem in plakjes, vang het sap op. Verhit de olie en bak de kip licht van kleur. Voeg de abalone- en bamboescheuten toe en bak 1 minuut. Voeg de abalone bouillon, bouillon, wijn of sherry, suiker en zout toe, breng aan de kook en kook 2 minuten. Meng de maïsmeel en het water tot het een pasta vormt en kook al roerend tot de saus helder en ingedikt is. Serveer onmiddellijk.

abalone met asperges

voor 4 personen

10 Chinese gedroogde paddenstoelen

30 ml / 2 el arachideolie

15 ml / 1 eetlepel water

225 g asperges

2,5 ml/½ tl vissaus

15 ml / 1 el maizena (maizena)

8 oz/225 g kan abalone, gesneden

60 ml/4 eetlepels bouillon

½ klein gesneden wortel

5ml/1 theelepel sojasaus

5ml/1 theelepel oestersaus

5 ml/1 theelepel rijstwijn of droge sherry

Week de champignons 30 minuten in warm water en giet ze af. Gooi de stelen weg. Verhit 15 ml/1 el olie met het water en bak de champignons 10 minuten. Kook ondertussen asperges in kokend water met vissaus en 1 tl/5 ml maïsmeel tot ze gaar zijn. Goed laten uitlekken en samen met de champignons op een warm bord leggen. Houd ze warm. Verhit de resterende olie en bak de abalone enkele seconden, voeg dan de bouillon, wortelen, sojasaus, oestersaus, wijn of sherry en de resterende maïsmeel toe. Kook ongeveer 5 minuten tot ze gaar zijn, giet dan over de asperges en serveer.

abalone met champignons

voor 4 personen

6 Chinese gedroogde paddenstoelen
Abalone-doos van 400 g/14 oz
45 ml / 3 el arachideolie
2,5 ml/¬Ω theelepel zout
15 ml / 1 el droge sherry of rijstwijn
3 lente-uitjes (lente-uitjes), in dikke plakken gesneden

Week de champignons 30 minuten in warm water en giet ze af. Gooi de stelen weg en snijd de uiteinden af. Giet de abalone af en snijd hem in plakjes, vang het sap op. Verhit de olie en bak het zout en de champignons 2 minuten. Voeg de abalone bouillon en sherry toe, breng aan de kook, dek af en laat 3 minuten sudderen. Voeg de abalone en lente-uitjes toe en kook tot ze erdoorheen zijn verwarmd. Serveer onmiddellijk.

Abalone Met Oestersaus

voor 4 personen

Abalone-doos van 400 g/14 oz

15 ml / 1 el maizena (maizena)

15 ml / 1 el sojasaus

45 ml / 3 el oestersaus

30 ml / 2 el arachideolie

50 g gehakte gerookte ham

Giet het blik abalone af en bewaar 6 el/90 ml van de vloeistof. Meng met maïsmeel, sojasaus en oestersaus. Verhit de olie en bak de uitgelekte abalone 1 minuut. Voeg het sausmengsel toe en kook, al roerend, ongeveer 1 minuut tot het is opgewarmd. Leg op een warme schaal en serveer gegarneerd met prosciutto.

gestoomde mosselen

voor 4 personen

24 kokkels

Boen de kokkels goed schoon en laat ze een paar uur weken in gezouten water. Was onder stromend water en doe in een ondiepe schaal. Leg ze op een rooster in een stomer, dek af en kook in kokend water gedurende ongeveer 10 minuten, tot alle kokkels open zijn. Gooi alles weg dat gesloten blijft. Serveer met sauzen.

Mosselen met taugé

voor 4 personen

24 kokkels

15 ml / 1 el arachideolie

150 g / 5 oz taugé

1 groene paprika, in reepjes gesneden

2 lente-uitjes (lente-uitjes), fijngehakt

15 ml / 1 el droge sherry of rijstwijn

zout en versgemalen peper

2,5 ml/¬Ω theelepel sesamolie

50 g gehakte gerookte ham

Boen de kokkels goed schoon en laat ze een paar uur weken in gezouten water. Spoel af onder stromend water. Kook water in een pan, voeg de mosselen toe en kook een paar minuten tot ze opengaan. Leeg en gooi alles weg dat gesloten blijft. Haal de kokkels uit de schelpen.

Verhit de olie en bak de taugé 1 minuut. Voeg de paprika en bieslook toe en bak 2 minuten mee. Voeg wijn of sherry toe en breng op smaak met zout en peper. Verwarm door, voeg dan de kokkels toe en roer tot alles goed gemengd en verwarmd is. Leg op een warm bord en serveer besprenkeld met sesamolie en prosciutto.

Mosselen Met Gember En Knoflook

voor 4 personen

24 kokkels

15 ml / 1 el arachideolie

2 plakjes gehakte gemberwortel

2 teentjes knoflook, fijngehakt

15 ml / 1 eetlepel water
5ml/1 theelepel sesamolie
zout en versgemalen peper

Boen de kokkels goed schoon en laat ze een paar uur weken in gezouten water. Spoel af onder stromend water. Verhit de olie en bak de gember en knoflook 30 seconden. Voeg de mosselen, het water en de sesamolie toe, dek af en laat ca. 5 minuten tot de kokkels opengaan. Gooi alles weg dat gesloten blijft. Kruid licht met peper en zout en serveer direct.

gebakken mosselen

voor 4 personen

24 kokkels
60 ml / 4 eetlepels arachideolie
4 teentjes knoflook, fijngehakt
1 gesnipperde ui
2,5 ml/¬Ω theelepel zout

Boen de kokkels goed schoon en laat ze een paar uur weken in gezouten water. Afspoelen onder stromend water en vervolgens afdrogen. Verhit de olie en fruit de knoflook, ui en zout tot ze zacht zijn. Voeg de kokkels toe, dek af en kook ongeveer 5 minuten tot alle schelpen open zijn. Gooi alles weg dat gesloten blijft. Bak nog 1 minuut zachtjes, besprenkel met olie.

krabkoekjes

voor 4 personen

225 g taugé

60ml/4 el arachideolie 100g/4oz bamboescheuten, in reepjes gesneden

1 gesnipperde ui

225 g krabvlees, vlokken

4 eieren, licht losgeklopt

15 ml / 1 el maizena (maizena)

30 ml / 2 el sojasaus
zout en versgemalen peper

Blancheer de taugé 4 minuten in kokend water en giet af. Verhit de helft van de olie en fruit hierin de taugé, bamboescheuten en ui tot ze zacht zijn. Haal van het vuur en roer de resterende ingrediënten behalve olie erdoor. Verhit de resterende olie in een schone koekenpan en bak eetlepels van het krabvleesmengsel om knoedels te maken. Bak tot ze aan beide kanten lichtbruin zijn en serveer onmiddellijk.

krab crème

voor 4 personen

225 g krabvlees
5 losgeklopte eieren
1 sjalot (lente-uitjes), fijngehakt
250 ml / 8 fl oz / 1 kopje water
5 ml/1 theelepel zout
5ml/1 theelepel sesamolie

Meng alle ingrediënten goed. Doe in een kom, dek af en plaats au bain marie boven heet water of op een stoomrekje. Stoom ongeveer 35 minuten tot het romig is, af en toe roerend. Serveer met rijst.

Krabvlees met Chinese bladeren

voor 4 personen

1 lb / 450 g gehakte Chinese bladeren

45 ml / 3 el plantaardige olie

2 lente-uitjes (lente-uitjes), fijngehakt

225 g krabvlees

15 ml / 1 el sojasaus

15 ml / 1 el droge sherry of rijstwijn

5 ml/1 theelepel zout

Blancheer de Chinese bladeren 2 minuten in kokend water, laat goed uitlekken en spoel af met koud water. Verhit de olie en fruit de sjalotten licht goudbruin. Voeg het krabvlees toe en bak 2 minuten mee. Voeg Chinese bladeren toe en bak 4 minuten. Voeg de sojasaus, wijn of sherry en zout toe en meng goed. Voeg de bouillon en het maïsmeel toe, breng aan de kook en kook al roerend 2 minuten tot de saus helder en ingedikt is.

Krab Foo Yung met taugé

voor 4 personen

6 losgeklopte eieren

45 ml / 3 el maïsmeel (maizena)

225 g krabvlees

100 g / 4 oz taugé

2 lente-uitjes (lente-uitjes), fijngehakt

2,5 ml/¬Ω theelepel zout

45 ml / 3 el arachideolie

Klop de eieren los en voeg dan de maïsmeel toe. Meng de resterende ingrediënten behalve olie. Verhit de olie en giet het mengsel beetje bij beetje in de pan om kleine pannenkoekjes van ongeveer 8 cm breed te maken. Bak tot ze goudbruin zijn aan de onderkant, draai ze om en bak de andere kant bruin.

krab met gember

voor 4 personen

15 ml / 1 el arachideolie

2 plakjes gehakte gemberwortel

4 lente-uitjes (lente-uitjes), fijngehakt

3 teentjes knoflook, fijngehakt

1 rode paprika, fijngesneden

350 g krabvlees, vlokken

2,5 ml/¬Ω theelepel vispasta

2,5 ml/¬Ω theelepel sesamolie

15 ml / 1 el droge sherry of rijstwijn

5 ml / 1 tl maïsmeel (maïszetmeel)

15 ml / 1 eetlepel water

Verhit de olie en fruit hierin de gember, lente-ui, knoflook en peper 2 minuten. Voeg het krabvlees toe en roer tot het goed bedekt is met kruiden. Voeg de vispasta toe. Meng de resterende ingrediënten tot een pasta, gooi ze in de pan en kook gedurende 1 minuut. Serveer onmiddellijk.

Krab Lo Mein

voor 4 personen

100 g / 4 oz taugé

30 ml / 2 el arachideolie

5 ml/1 theelepel zout

1 ui, in plakjes

100 g champignons, in plakjes

225 g krabvlees, vlokken

100 g / 4 oz bamboescheuten, in plakjes

gebakken noedels

30 ml / 2 el sojasaus

5 ml/1 theelepel suiker

5ml/1 theelepel sesamolie

zout en versgemalen peper

Blancheer de taugé 5 minuten in kokend water en giet ze af. Verhit de olie en fruit hierin het zout en de ui tot ze zacht zijn. Voeg champignons toe en bak tot ze zacht zijn. Voeg het krabvlees toe en bak 2 minuten mee. Voeg taugé en bamboescheuten toe en bak 1 minuut. Voeg de uitgelekte pasta toe aan de pan en schep voorzichtig om. Meng sojasaus, suiker en sesamolie en breng op smaak met zout en peper. Roer de koekenpan erdoor tot het erdoorheen is verwarmd.

Roergebakken Krab Met Varkensvlees

voor 4 personen

30 ml / 2 el arachideolie

100 g varkensgehakt (gemalen)

350 g krabvlees, vlokken

2 plakjes gehakte gemberwortel

2 eieren, licht losgeklopt

15 ml / 1 el sojasaus

15 ml / 1 el droge sherry of rijstwijn

30 ml / 2 eetlepels water

zout en versgemalen peper

4 lente-uitjes (lente-uitjes), in reepjes gesneden

Verhit de olie en bak het varkensvlees tot het licht van kleur is. Voeg het krabvlees en de gember toe en roerbak 1 minuut. Voeg de eieren toe. Voeg de sojasaus, wijn of sherry, water, zout en peper toe en laat ongeveer 4 minuten al roerend sudderen. Serveer gegarneerd met bieslook.

Gebakken Krabvlees

voor 4 personen

30 ml / 2 el arachideolie

1 pond / 450 g krabvlees, vlokken

2 lente-uitjes (lente-uitjes), fijngehakt

2 plakjes gehakte gemberwortel

30 ml / 2 el sojasaus

30 ml / 2 el rijstwijn of droge sherry

2,5 ml/¬Ω theelepel zout

15 ml / 1 el maizena (maizena)

60 ml / 4 eetlepels water

Verhit de olie en bak het krabvlees, lente-ui en gember 1 minuut. Voeg de sojasaus, wijn of sherry en zout toe, dek af en kook 3 minuten. Klop de maïsmeel en het water tot een pasta, roer in de pan en kook al roerend tot de saus helder en dik is.

gefrituurde inktvisballetjes

voor 4 personen

450 g inktvis

50 g reuzel, verkruimeld

1 eiwit

2,5 ml/¬Ω theelepel suiker

2,5 ml/¬Ω theelepel maïsmeel (maizena)

zout en versgemalen peper

frituurolie

Snij de inktvis in plakjes en maal of pureer deze tot pulp. Meng met het reuzel, eiwit, suiker en maïzena en breng op smaak met zout en peper. Druk het mengsel in kleine balletjes. Verhit de olie en bak de balletjes indien nodig. in porties, tot ze boven de olie drijven en goudbruin zijn. Laat goed uitlekken en serveer direct.

Kantonese kreeft

voor 4 personen

2 kreeften

30 ml/2 eetlepels olie

15 ml / 1 el zwarte bonensaus

1 teentje knoflook, geplet

1 gesnipperde ui

8 oz/225 g gemalen varkensvlees (gemalen)

45 ml / 3 el sojasaus

5 ml/1 theelepel suiker

zout en versgemalen peper

15 ml / 1 el maizena (maizena)

75 ml / 5 eetlepels water

1 losgeklopt ei

Open de kreeften, verwijder het vlees en snijd ze in blokjes van 2,5 cm/1 cm. Verhit de olie en bak hierin de zwarte bonensaus, knoflook en ui licht goudbruin. Voeg varkensvlees toe en kook tot het bruin is. Voeg sojasaus, suiker, zout, peper en kreeft toe, dek af en kook ongeveer 10 minuten. Klop de maïsmeel en het water tot een pasta, roer in de pan en kook al roerend tot de saus helder en ingedikt is. Zet het vuur uit en voeg het ei toe voor het opdienen.

gebakken kreeft

voor 4 personen

1 pond / 450 g kreeftenvlees

30 ml / 2 el sojasaus

5 ml/1 theelepel suiker

1 losgeklopt ei

30 ml / 3 el bloem voor alle doeleinden (voor alle doeleinden)

frituurolie

Snijd het kreeftenvlees in blokjes van 2,5 cm/1 cm en meng met de sojasaus en suiker. Laat 15 minuten staan en giet dan af. Klop het ei en de bloem samen, voeg de kreeft toe en meng goed. Verhit de olie en bak de kreeft goudbruin. Laat voor het serveren uitlekken op keukenpapier.

Gestoomde kreeft met ham

voor 4 personen

4 eieren, licht losgeklopt
60 ml / 4 eetlepels water
5 ml/1 theelepel zout
15 ml / 1 el sojasaus
450 g kreeftenvlees, vlokken
15 ml / 1 el gehakte gerookte ham
15 ml/1 el gehakte verse peterselie

Klop de eieren los met water, zout en sojasaus. Giet in een hittebestendige kom en strooi over het kreeftenvlees. Plaats de kom op een rooster in een stomer, dek af en kook gedurende 20 minuten tot de eieren gestold zijn. Serveer gegarneerd met ham en peterselie.

kreeft met champignons

voor 4 personen

1 pond / 450 g kreeftenvlees

15 ml / 1 el maizena (maizena)

60 ml / 4 eetlepels water

30 ml / 2 el arachideolie

4 lente-uitjes (lente-uitjes), in dikke plakken gesneden

100 g champignons, in plakjes

2,5 ml/½ theelepel zout

1 teentje knoflook, geplet

30 ml / 2 el sojasaus

15 ml / 1 el droge sherry of rijstwijn

Snijd het kreeftenvlees in stukken van 2,5 cm. Meng maïsmeel en water tot een pasta en gooi de in blokjes gesneden kreeft door het mengsel om te coaten. Verhit de helft van de olie en bak de kreeftblokjes tot ze lichtbruin zijn. Haal ze uit de pan. Verhit de rest van de olie en fruit de sjalotjes tot ze lichtbruin zijn. Voeg de champignons toe en bak 3 minuten mee. Voeg zout, knoflook, sojasaus en wijn of sherry toe en roerbak 2 minuten. Doe de kreeft terug in de pan en bak tot hij goed warm is.

Kreeftenstaartjes met varkensvlees

voor 4 personen

3 Chinese gedroogde paddenstoelen

4 kreeftenstaarten

60 ml / 4 eetlepels arachideolie

100 g varkensgehakt (gemalen)

50 g waterkastanjes, fijngehakt

zout en versgemalen peper

2 teentjes knoflook, fijngehakt

45 ml / 3 el sojasaus

30 ml / 2 el rijstwijn of droge sherry

30 ml / 2 el zwarte bonensaus

10 ml / 2 el maïsmeel (maïszetmeel)

120 ml water

Week de champignons 30 minuten in warm water en giet ze af. Gooi de stelen weg en hak de toppen fijn. Snijd de kreeftenstaarten in de lengte doormidden. Haal het vlees uit de kreeftenstaarten, bewaar de schelpen. Verhit de helft van de olie en bak het varkensvlees licht van kleur. Haal van het vuur en roer de champignons, kreeftenvlees, waterkastanjes, zout en peper erdoor. Druk het vlees terug in de kreeftenschalen en leg het in een ovenvaste schaal. Plaats het op een rooster in een stomer, dek af en kook ongeveer 20 minuten tot het gaar is. Verhit ondertussen de rest van de olie en roerbak de knoflook, sojasaus, wijn of sherry en zwarte bonensaus 2 minuten. Meng de maïsmeel met het water tot een papje, gooi het in de pan en laat al roerend koken tot de saus dikker wordt.

gesauteerde kreeft

voor 4 personen

1 pond / 450 g kreeftenstaart

30 ml / 2 el arachideolie

1 teentje knoflook, geplet

2,5 ml/¬Ω theelepel zout

350 g taugé

50g / 2oz champignons

4 lente-uitjes (lente-uitjes), in dikke plakken gesneden

150 ml/¬°pt/¬Ω royale kop kippenbouillon
15 ml / 1 el maizena (maizena)

Kook water in een pan, voeg de kreeftenstaarten toe en kook 1 minuut. Giet af, laat afkoelen, verwijder de schil en snijd in dikke plakken. Verhit de olijfolie met de knoflook en het zout en bak tot de knoflook lichtbruin is. Voeg de kreeft toe en bak 1 minuut mee. Voeg de taugé en champignons toe en bak 1 minuut mee. Voeg bieslook toe. Voeg het grootste deel van de bouillon toe, breng aan de kook, dek af en kook gedurende 3 minuten. Meng de maïsmeel met de resterende bouillon, roer in de pan en kook al roerend tot de saus helder en ingedikt is.

kreeft nest

voor 4 personen

30 ml / 2 el arachideolie

5 ml/1 theelepel zout

1 ui, dun gesneden

100 g champignons, in plakjes

4 oz/100 g bamboescheuten, gesneden 8 oz/225 g gekookt kreeftenvlees

15 ml / 1 el droge sherry of rijstwijn

120 ml kippenbouillon

snufje versgemalen peper

10 ml / 2 tl maïsmeel (maizena)

15 ml / 1 eetlepel water

4 manden noedels

Verhit de olie en fruit hierin het zout en de ui tot ze zacht zijn. Voeg de champignons en bamboescheuten toe en bak 2 minuten mee. Voeg het kreeftenvlees, de wijn of sherry en de bouillon toe, breng aan de kook, dek af en laat 2 minuten koken. Breng op smaak met peper. Klop de maïsmeel en het water tot een pasta, roer in de pan en kook, al roerend, tot de saus dikker wordt. Schik de noedelnestjes op een warm bord en garneer met kreeftenpasta.

Mosselen in zwarte bonensaus

voor 4 personen

45 ml / 3 el arachideolie

2 teentjes knoflook, fijngehakt

2 plakjes gehakte gemberwortel

30 ml / 2 el zwarte bonensaus

15 ml / 1 el sojasaus

3 lb / 1,5 kg kokkels, gewassen en geschoren

2 lente-uitjes (lente-uitjes), fijngehakt

Verhit de olie en fruit hierin de knoflook en gember 30 seconden. Voeg zwarte bonensaus en sojasaus toe en roerbak 10 seconden. Voeg de mosselen toe, dek af en kook ca. 6 minuten tot de kokkels opengaan. Gooi alles weg dat gesloten blijft. Leg op een warm bord en serveer bestrooid met bieslook.

mosselen met gember

voor 4 personen

45 ml / 3 el arachideolie

2 teentjes knoflook, fijngehakt

4 plakjes gehakte gemberwortel

3 lb / 1,5 kg kokkels, gewassen en geschoren

45 ml / 3 eetlepels water

15 ml / 1 el oestersaus

Verhit de olie en fruit hierin de knoflook en gember 30 seconden. Voeg de mosselen en het water toe, dek af en kook ca. 6 minuten tot de kokkels opengaan. Gooi alles weg dat gesloten blijft. Breng over naar een warme schotel en serveer besprenkeld met oestersaus.

gestoomde mosselen

voor 4 personen

3 lb / 1,5 kg kokkels, gewassen en geschoren

45 ml / 3 el sojasaus

3 lente-uitjes (lente-uitjes), fijngehakt

Leg de mosselen op een rooster in een stomer, dek af en kook in kokend water in ca. 10 minuten tot alle schelpen opengaan. Gooi alles weg dat gesloten blijft. Leg op een warm bord en serveer bestrooid met sojasaus en uien.

gebakken oesters

voor 4 personen

24 oesters, gepeld
zout en versgemalen peper
1 losgeklopt ei
50 g bloem (universeel)
250 ml / 8 fl oz / 1 kopje water
frituurolie
4 lente-uitjes (lente-uitjes), fijngehakt

Bestrooi de oesters met zout en peper. Klop het ei met de bloem en het water tot een deeg en bedek daarmee de oesters. Verhit de olie en bak de oesters goudbruin. Laat uitlekken op keukenpapier en serveer gegarneerd met bieslook.

oesters met spek

voor 4 personen

175 g spek
24 oesters, gepeld
1 ei, licht losgeklopt
15 ml / 1 eetlepel water
45 ml / 3 el arachideolie
2 gesnipperde uien
15 ml / 1 el maizena (maizena)
15 ml / 1 el sojasaus
90 ml/6 eetlepels kippenbouillon

Snijd de bacon in stukjes en wikkel om elke oester een stukje. Klop het ei los met het water en dompel het onder in de oesters. Verhit de helft van de olie en bak de oesters aan beide kanten goudbruin, haal ze uit de pan en giet het vet af. Verhit de rest van de olie en fruit de ui glazig. Meng de maïsmeel, sojasaus en bouillon tot er een pasta ontstaat, giet in de koekenpan en kook al roerend tot de saus helder en ingedikt is. Giet over de oesters en serveer direct.

Gebakken oesters met gember

voor 4 personen

24 oesters, gepeld

2 plakjes gehakte gemberwortel

30 ml / 2 el sojasaus

15 ml / 1 el droge sherry of rijstwijn

4 lente-uitjes (lente-uitjes), in reepjes gesneden

100 g spek

1 ei

50 g bloem (universeel)

zout en versgemalen peper

frituurolie

1 citroen, gehakt

Doe de oesters in een kom met gember, sojasaus en wijn of sherry en meng goed. Laat 30 minuten staan. Leg op elke oester een paar reepjes bieslook. Snijd de bacon in stukjes en wikkel om elke oester een stukje. Klop de eieren en bloem tot een deeg en breng op smaak met zout en peper. Doop de oesters in het beslag tot ze goed bedekt zijn. Verhit de olie en bak de oesters goudbruin. Serveer gegarneerd met schijfjes citroen.

Oesters Met Zwarte Bonensaus

voor 4 personen

350 g gepelde oesters
120 ml arachideolie
2 teentjes knoflook, fijngehakt
3 lente-uitjes (lente-uitjes), in plakjes
15 ml / 1 el zwarte bonensaus
30 ml / 2 el donkere sojasaus
15 ml / 1 el sesamolie
snufje chilipoeder

Blancheer de oesters 30 seconden in kokend water en giet ze af. Verhit de olie en fruit hierin de knoflook en bieslook 30 seconden. Voeg de zwarte bonensaus, sojasaus, sesamolie en oesters toe en breng op smaak met chilipoeder. Bak tot het goed is opgewarmd en dien onmiddellijk op.

Coquilles Met Bamboescheuten

voor 4 personen

60 ml / 4 eetlepels arachideolie

6 lente-uitjes (lente-uitjes), fijngehakt

8 oz/225 g champignons, in vieren gesneden

15 ml / 1 eetlepel suiker

1 pond / 450 g gepelde sint-jakobsschelpen

2 plakjes gehakte gemberwortel

225 g bamboescheuten, in plakjes

zout en versgemalen peper

300 ml/¬Ω pt/1 ¬° kopjes water

30 ml/2 eetlepels wijnazijn

30 ml / 2 el maizena (maizena)

150 ml/¬° pt/¬Ω royaal glas water

45 ml / 3 el sojasaus

Verhit de olie en bak hierin de lente-uitjes en champignons 2 minuten. Voeg de suiker, sint-jakobsschelpen, gember, bamboescheuten, zout en peper toe, dek af en kook 5 minuten. Voeg het water en de wijnazijn toe, breng aan de kook, dek af en laat 5 minuten koken. Klop de maïsmeel en het water tot een pasta, roer in de pan en kook, al roerend, tot de saus dikker wordt. Breng op smaak met sojasaus en serveer.

sint-jakobsschelpen met eieren

voor 4 personen

45 ml / 3 el arachideolie

350 g gepelde sint-jakobsschelpen

25 g gehakte gerookte ham

30 ml / 2 el rijstwijn of droge sherry

5 ml/1 theelepel suiker

2,5 ml/½ theelepel zout

snufje versgemalen peper

2 eieren, licht losgeklopt

15 ml / 1 el sojasaus

Verhit de olie en bak de sint-jakobsschelpen 30 seconden. Voeg de ham toe en bak 1 minuut mee. Voeg wijn of sherry, suiker, zout en peper toe en bak 1 minuut. Voeg de eieren toe en roer voorzichtig op hoog vuur tot de ingrediënten goed bedekt zijn met het ei. Serveer bestrooid met sojasaus.

coquilles met broccoli

voor 4 personen

350 g sint-jakobsschelpen, in plakjes

3 plakjes gehakte gemberwortel

¬Ω klein gesneden wortel

1 teentje knoflook, geplet

45 ml / 3 el bloem voor alle doeleinden (voor alle doeleinden)

2,5 ml/¬Ω tl bakpoeder (bakpoeder)

30 ml / 2 el arachideolie

15 ml / 1 eetlepel water

1 banaan, in plakjes

frituurolie

275 g broccoli

zout

5ml/1 theelepel sesamolie

2,5 ml/¬Ω theelepel hete saus

2,5 ml/¬Ω tl wijnazijn

2,5 ml/¬Ω tl tomatenpuree (puree)

Meng de sint-jakobsschelpen met de gember, wortels en knoflook en laat ze koken. Meng de bloem, bakpoeder, 15 ml/1 el olie en water tot een papje en bedek hiermee de plakjes banaan. Verhit de olie en bak de banaan goudbruin, giet af en leg op een hete plaat. Kook ondertussen de broccoli gaar in kokend water met zout en giet af. Verhit de rest van de olie met de sesamolie en bak de broccoli snel en leg deze op het bord met de bananen. Voeg de chilisaus, wijnazijn en tomatenpuree toe aan de pan en bak de coquilles tot ze net gaar zijn. Giet in een schaal en dien onmiddellijk op.

coquilles met gember

voor 4 personen

45 ml / 3 el arachideolie

2,5 ml/ ½ theelepel zout

3 plakjes gehakte gemberwortel

2 lente-uitjes, in dikke plakken

450 g gepelde sint-jakobsschelpen, gehalveerd

15 ml / 1 el maizena (maizena)

60 ml / 4 eetlepels water

Verhit de olie en bak het zout en de gember 30 seconden. Voeg de bieslook toe en bak deze lichtbruin. Voeg de sint-jakobsschelpen toe en bak 3 minuten. Meng de maïsmeel en het water tot het een pasta vormt, voeg het toe aan de pan en kook op laag vuur, al roerend, tot het dikker wordt. Serveer onmiddellijk.

coquilles met ham

voor 4 personen

450 g gepelde sint-jakobsschelpen, gehalveerd

8 fl oz / 250 ml / 1 kopje rijstwijn of droge sherry
1 ui, fijngehakt
2 plakjes gehakte gemberwortel
2,5 ml/½ theelepel zout
100 g gehakte gerookte ham

Doe de sint-jakobsschelpen in een kom en voeg de wijn of sherry toe. Dek af en marineer gedurende 30 minuten, keer af en toe, laat de sint-jakobsschelpen uitlekken en gooi de marinade weg. Leg de sint-jakobsschelpen samen met de andere ingrediënten in een vuurvaste schaal. Zet de schaal op een rooster in een stomer, dek af en kook in kokend water gedurende ongeveer 6 minuten, tot de sint-jakobsschelpen gaar zijn.

Roerei met kruiden

voor 4 personen

8 oz/225 g gepelde sint-jakobsschelpen
30 ml/2 eetlepels gehakte verse koriander

4 losgeklopte eieren
15 ml / 1 el droge sherry of rijstwijn
zout en versgemalen peper
15 ml / 1 el arachideolie

Doe de sint-jakobsschelpen in een stomer en stoom ze in ongeveer 3 minuten gaar, afhankelijk van hun grootte. Haal uit de stoom en bestrooi met koriander. Klop de eieren los met de wijn of sherry en breng op smaak met zout en peper. Roer de coquilles en koriander erdoor. Verhit de olie en bak het mengsel van sint-jakobsschelpen en eieren, onder voortdurend roeren, tot de eieren gestold zijn. Serveer onmiddellijk.

Gesauteerde Sint-jakobsschelpen en uien

voor 4 personen

45 ml / 3 el arachideolie
1 ui, in plakjes

450 g gepelde sint-jakobsschelpen, in vieren gesneden
zout en versgemalen peper
15 ml / 1 el droge sherry of rijstwijn

Verhit de olie en fruit de ui tot deze zacht is. Voeg de sint-jakobsschelpen toe en bak tot ze lichtbruin zijn. Breng op smaak met zout en peper, besprenkel met wijn of sherry en dien onmiddellijk op.

coquilles met groenten

Voor 4,Äì6

4 Chinese gedroogde paddenstoelen

2 uien

30 ml / 2 el arachideolie

3 stengels bleekselderij, diagonaal doorgesneden

225 g sperziebonen, diagonaal gesneden

10ml/2 theelepel geraspte gemberwortel

1 teentje knoflook, geplet

20 ml / 4 tl maïsmeel (maizena)

250 ml kippenbouillon

30 ml / 2 el rijstwijn of droge sherry

30 ml / 2 el sojasaus

450 g gepelde sint-jakobsschelpen, in vieren gesneden

6 lente-uitjes (lente-uitjes), in plakjes

15 oz / 425 g blik maïskolven

Week de champignons 30 minuten in warm water en giet ze af. Gooi de stelen weg en snijd de uiteinden af. Snijd de ui in blokjes en haal de lagen uit elkaar. Verhit de olie en fruit de ui, bleekselderij, bonen, gember en knoflook 3 minuten. Meng de maïzena met een beetje bouillon, roer dan de rest van de bouillon, wijn of sherry en sojasaus erdoor, doe in de wok en breng onder voortdurend roeren aan de kook. Voeg de champignons, sint-jakobsschelpen, lente-uitjes en maïs toe en bak ongeveer 5 minuten tot de sint-jakobsschelpen gaar zijn.

coquilles met paprika

voor 4 personen

30 ml / 2 el arachideolie

3 lente-uitjes (lente-uitjes), fijngehakt

1 teentje knoflook, geplet

2 plakjes gehakte gemberwortel

2 fijngehakte rode pepers

1 pond / 450 g gepelde sint-jakobsschelpen

30 ml / 2 el rijstwijn of droge sherry

15 ml / 1 el sojasaus

15 ml / 1 el gele bonensaus

5 ml/1 theelepel suiker

5ml/1 theelepel sesamolie

Verhit de olie en fruit de sjalotten, knoflook en gember 30 seconden. Paprika toevoegen en 1 minuut meebakken. Voeg de coquilles toe en bak 30 seconden, voeg dan de rest van de ingrediënten toe en bak ca. 3 minuten, tot de sint-jakobsschelpen gaar zijn.

Inktvis met taugé

voor 4 personen

450 g inktvis

30 ml / 2 el arachideolie

15 ml / 1 el droge sherry of rijstwijn

100 g / 4 oz taugé

15 ml / 1 el sojasaus

zout

1 rode paprika, geraspt

2 plakjes gemberwortel, geraspt

2 lente-uitjes (lente-uitjes), geraspt

Verwijder de kop, ingewanden en het vlies van de inktvis en snijd in grote stukken. Knip een kruispatroon op elk stuk. Kook een pan met water, voeg de inktvis toe en kook op laag vuur tot de stukjes omkrullen, verwijder en giet af. Verhit de helft van de olie en bak de inktvis snel aan. Besprenkel met wijn of sherry. Verhit ondertussen de rest van de olie en bak de taugé tot ze zacht zijn. Breng op smaak met sojasaus en zout. Schik de peper, gember en bieslook op een bord. Leg de taugé in het midden en bedek met de inktvis. Serveer onmiddellijk.

gefrituurde inktvis

voor 4 personen

50g / 2oz meel (voor alle doeleinden)

25 g maïsmeel (maizena)

2,5 ml/¬Ω theelepel zuiveringszout

2,5 ml/¬Ω theelepel zout

1 ei

75 ml / 5 eetlepels water

15 ml / 1 el arachideolie

450 g inktvis, in ringen gesneden

frituurolie

Meng de bloem, maïzena, gist, zout, ei, water en olie tot een deeg ontstaat. Doop de inktvis in het beslag tot ze goed bedekt zijn. Verhit de olie en bak de inktvis beetje bij beetje goudbruin. Laat voor het serveren uitlekken op keukenpapier.

inktvis pakken

voor 4 personen

8 Chinese gedroogde paddenstoelen

450 g inktvis

100 g gerookte ham

4 ons / 100 gram tofu

1 losgeklopt ei

15 ml / 1 el bloem voor alle doeleinden (voor alle doeleinden)

2,5 ml/¬Ω theelepel suiker

2,5 ml/¬Ω theelepel sesamolie

zout en versgemalen peper

8 wontonvellen

frituurolie

Week de champignons 30 minuten in warm water en giet ze af. Gooi de stelen weg. Verwijder de inktvis en snijd ze in 8 stukken. Snijd de ham en tofu in 8 stukken. Doe ze allemaal in een kom. Meng het ei met de bloem, suiker, sesamolie, zout en peper. Giet de ingrediënten in de kom en meng voorzichtig.

Plaats een champignondop en een stuk inktvis, ham en tofu direct onder het midden van elke wontonhuid. Vouw de onderste hoek, vouw de zijkanten en rol, bevochtig de randen met water om te verzegelen. Verhit de olie en bak de pakketjes in circa 8 minuten goudbruin. Laat goed uitlekken voor het opdienen.

Gefrituurde octopusrolletjes

voor 4 personen

45 ml / 3 el arachideolie

225 g inktvisringen

1 grote groene paprika, in stukjes gesneden

100 g / 4 oz bamboescheuten, in plakjes

2 lente-uitjes (lente-uitjes), fijngehakt

1 plakje gemberwortel, fijngehakt

45 ml / 2 el sojasaus

30 ml / 2 el rijstwijn of droge sherry
15 ml / 1 el maizena (maizena)
15 ml / 1 el visbouillon of water
5 ml/1 theelepel suiker
5 ml/1 theelepel wijnazijn
5ml/1 theelepel sesamolie
zout en versgemalen peper

Verhit 15ml/1 el olie en bak de inktvis snel goudbruin. Verhit ondertussen de rest van de olie in een aparte pan en fruit de paprika, bamboescheuten, bosui en gember 2 minuten. Voeg de inktvis toe en bak 1 minuut mee. Voeg de sojasaus, wijn of sherry, maïsmeel, bouillon, suiker, wijnazijn en sesamolie toe en breng op smaak met zout en peper. Kook tot de saus helder en ingedikt is.

gesauteerde inktvis

voor 4 personen

45 ml / 3 el arachideolie

3 lente-uitjes (lente-uitjes), in dikke plakken gesneden
2 plakjes gehakte gemberwortel
450 g inktvis, in stukjes gesneden
15 ml / 1 el sojasaus
15 ml / 1 el droge sherry of rijstwijn
5 ml / 1 tl maïsmeel (maïszetmeel)
15 ml / 1 eetlepel water

Verhit de olie en fruit hierin de lente-ui en gember tot ze zacht zijn. Voeg de inktvis toe en bak tot deze bedekt is met olie. Voeg de sojasaus en wijn of sherry toe, dek af en kook 2 minuten. Meng de maïsmeel met het water tot een pasta, voeg toe aan de pan en kook op laag vuur al roerend tot de saus dikker wordt en de inktvis gaar is.

Inktvis met gedroogde paddenstoelen

voor 4 personen
50g / 2oz gedroogde Chinese champignons
450 g inktvisringen
45 ml / 3 el arachideolie
45 ml / 3 el sojasaus
2 lente-uitjes (lente-uitjes), fijngehakt
1 plakje gehakte gemberwortel
225 g bamboescheuten, in reepjes gesneden

30 ml / 2 el maizena (maizena)

150 ml/¬°pt/¬Ω royale kop visbouillon

Week de champignons 30 minuten in warm water en giet ze af. Gooi de stelen weg en snijd de uiteinden af. Blancheer de inktvis enkele seconden in kokend water. Verhit de olie, voeg de champignons, sojasaus, bosui en gember toe en bak 2 minuten. Voeg de inktvis en bamboescheuten toe en bak 2 minuten mee. Combineer de maïsmeel en bouillon en roer in de pan. Breng al roerend op laag vuur aan de kook tot de saus helder en ingedikt is.

inktvis met groenten

voor 4 personen

45 ml / 3 el arachideolie

1 ui, in plakjes

5 ml/1 theelepel zout

450 g inktvis, in stukjes gesneden

100 g / 4 oz bamboescheuten, in plakjes

2 stengels bleekselderij, diagonaal doorgesneden

60 ml/4 eetlepels kippenbouillon

5 ml/1 theelepel suiker

100 g erwtenpeulen

5 ml / 1 tl maïsmeel (maïszetmeel)

15 ml / 1 eetlepel water

Verhit de olie en fruit hierin de ui en het zout tot ze licht goudbruin zijn. Voeg de inktvis toe en bak tot ze bedekt zijn met olie. Voeg bamboescheuten en bleekselderij toe en bak 3 minuten. Voeg bouillon en suiker toe, breng aan de kook, dek af en kook gedurende 3 minuten tot de groenten gaar zijn. Voeg de mango toe. Klop de maïsmeel en het water tot een pasta, roer in de pan en kook, al roerend, tot de saus dikker wordt.

gekookt vlees met anijs

voor 4 personen

30 ml / 2 el arachideolie

1 pond / 450 g filet mignon

1 teentje knoflook, geplet

45 ml / 3 el sojasaus

15 ml / 1 eetlepel water

15 ml / 1 el droge sherry of rijstwijn

5 ml/1 theelepel zout

5 ml/1 theelepel suiker

2 steranijs kruidnagel

Verhit de olie en bak het vlees rondom bruin. Voeg de overige ingrediënten toe, breng aan de kook, dek af en kook ongeveer 45 minuten, draai dan het vlees om, voeg wat meer water en sojasaus toe als het vlees begint uit te drogen. Laat nog 45 minuten koken tot het vlees mals is. Gooi voor het serveren de steranijs weg.

kalfsvlees met asperges

voor 4 personen

450 g entrecote, in blokjes
30 ml / 2 el sojasaus
30 ml / 2 el rijstwijn of droge sherry
45 ml / 3 el maïsmeel (maizena)
45 ml / 3 el arachideolie
5 ml/1 theelepel zout
1 teentje knoflook, geplet
350 g asperges
120 ml kippenbouillon
15 ml / 1 el sojasaus

Doe de biefstuk in een kom. Combineer de sojasaus, wijn of sherry en 30 ml/2 eetlepels maïsmeel, giet over de biefstuk en meng goed. Laat het 30 minuten marineren. Verhit de olijfolie met zout en knoflook en bak tot de knoflook lichtbruin is. Voeg vlees en marinade toe en bak 4 minuten. Voeg de asperges toe en bak 2 minuten zachtjes mee. Bouillon en sojasaus toevoegen, aan de kook brengen en al roerend 3 minuten laten koken tot het vlees gaar is. Meng de resterende maïsmeel met een beetje meer water of bouillon en voeg toe aan de saus. Kook op laag vuur al roerend een paar minuten tot de saus helder en ingedikt is.

Biefstuk Met Bamboescheuten

voor 4 personen

45 ml / 3 el arachideolie

1 teentje knoflook, geplet

1 sjalot (lente-uitjes), gesnipperd

1 plakje gehakte gemberwortel

225 g mager rundvlees, in reepjes gesneden

100g / 4oz bamboescheuten

45 ml / 3 el sojasaus

15 ml / 1 el droge sherry of rijstwijn

5 ml / 1 tl maïsmeel (maïszetmeel)

Verhit de olie en fruit hierin de knoflook, sjalotjes en gember licht goudbruin. Voeg het vlees toe en bak in 4 minuten lichtbruin. Voeg bamboescheuten toe en bak 3 minuten. Voeg de sojasaus, wijn of sherry en maïsmeel toe en bak 4 minuten.

Biefstuk Met Bamboescheuten En Champignons

voor 4 personen

225 g mager rundvlees

45 ml / 3 el arachideolie

1 plakje gehakte gemberwortel

100 g / 4 oz bamboescheuten, in plakjes

100 g champignons, in plakjes

45 ml / 3 el rijstwijn of droge sherry

5 ml/1 theelepel suiker

10ml/2 theelepel sojasaus

zout en peper

120 ml runderbouillon

15 ml / 1 el maizena (maizena)

30 ml / 2 eetlepels water

Snijd het vlees in dunne plakjes tegen de draad in. Verhit de olie en bak de gember enkele seconden. Voeg het vlees toe en bak tot het goudbruin is. Voeg bamboescheuten en champignons toe en bak 1 minuut. Voeg wijn of sherry, suiker en sojasaus toe en breng op smaak met zout en peper. Voeg bouillon toe, breng aan de kook, dek af en kook gedurende 3 minuten. Meng de maïsmeel met het water, roer in de pan en kook, al roerend, tot de saus dikker wordt.

Chinees gebakken vlees

voor 4 personen

45 ml / 3 el arachideolie

900 g biefstuk

1 sjalot (lente-uitjes), in plakjes

1 teentje knoflook, fijngehakt

1 plakje gehakte gemberwortel

60 ml / 4 el sojasaus

30 ml / 2 el rijstwijn of droge sherry

5 ml/1 theelepel suiker

5 ml/1 theelepel zout

een snufje peper

750ml/1e punt/3 kopjes kokend water

Verhit de olie en braad het vlees snel aan alle kanten bruin. Voeg sjalotten, knoflook, gember, sojasaus, wijn of sherry, suiker, zout en peper toe. Al roerend laten koken. Voeg het kokende water toe, breng al roerend aan de kook, dek af en kook ca. 2 uur tot het vlees gaar is.

Biefstuk met taugé

voor 4 personen

1 pond/450 g mager rundvlees, in plakjes

1 eiwit

30 ml / 2 el arachideolie

15 ml / 1 el maizena (maizena)

15 ml / 1 el sojasaus

100 g / 4 oz taugé

25 g zuurkool, versnipperd

1 rode paprika, geraspt

2 lente-uitjes (lente-uitjes), geraspt

2 plakjes gemberwortel, geraspt

zout

5ml/1 theelepel oestersaus

5ml/1 theelepel sesamolie

Meng het vlees met het eiwit, de helft van de olie, maïzena en sojasaus en laat 30 minuten intrekken. Blancheer de taugé in kokend water ca. 8 minuten tot bijna zacht, giet af. Verhit de resterende olie en bak het vlees lichtbruin en haal het dan uit de pan. Voeg de zuurkool, peper, gember, zout, oestersaus en sesamolie toe en roerbak 2 minuten. Voeg de taugé toe en bak 2 minuten mee. Doe het vlees terug in de pan en bak tot alles goed gemengd en warm is. Serveer onmiddellijk.

biefstuk met broccoli

voor 4 personen

450 g entrecote, dun gesneden

30 ml / 2 el maizena (maizena)

15 ml / 1 el droge sherry of rijstwijn

15 ml / 1 el sojasaus

30 ml / 2 el arachideolie

5 ml/1 theelepel zout

1 teentje knoflook, geplet

225 g broccoliroosjes

150ml/¬°pt/¬Ω royale kop runderbouillon

Doe de biefstuk in een kom. Meng 15ml/1 el maïsmeel met wijn of sherry en sojasaus, voeg vlees toe en marineer 30 minuten. Verhit de olijfolie met zout en knoflook en bak tot de knoflook lichtbruin is. Voeg vlees en marinade toe en bak 4 minuten. Voeg de broccoli toe en bak 3 minuten mee. Voeg bouillon toe, breng aan de kook, dek af en kook gedurende 5 minuten, tot de broccoli zacht maar nog steeds knaperig is. Meng de resterende maïsmeel met een beetje water en voeg toe aan de saus. Laat sudderen op laag vuur, al roerend, tot de saus helder en ingedikt is.

Sesambiefstuk met broccoli

voor 4 personen

5 oz/150 g mager rundvlees, dun gesneden

2,5 ml/¬Ω tl oestersaus

5 ml / 1 tl maïsmeel (maïszetmeel)
5 ml/1 theelepel witte wijnazijn
60 ml / 4 eetlepels arachideolie
100 gram broccoliroosjes
5 ml / 1 tl vissaus
2,5 ml/¬Ω tl sojasaus
250 ml runderbouillon
30 ml/2 el sesamzaadjes

Marineer het vlees met de oestersaus, 2,5 ml/¬Ω tl maïsmeel, 2,5 ml/¬Ω tl wijnazijn en 15 ml/1 el olie gedurende 1 uur.

Verhit ondertussen 15 ml/1 el olie, voeg broccoli, 2,5 ml/¬Ω tl vissaus, sojasaus en rest van de wijnazijn toe en overgiet met kokend water. Kook ongeveer 10 minuten op laag vuur tot ze zacht zijn.

Verhit 2 el/30 ml olie in een aparte pan en braad het vlees kort aan. Bouillon, resterende maïsmeel en vissaus toevoegen, aan de kook brengen, afdekken en ca. 10 minuten tot het vlees gaar is. Giet de broccoli af en leg op een hete plaat. Top met vlees en bestrooi royaal met sesamzaadjes.

gegrilde steak

voor 4 personen

450 g mager rundvlees, in plakjes

60 ml / 4 el sojasaus

2 teentjes knoflook, fijngehakt

5 ml/1 theelepel zout

2,5 ml/¬Ω theelepel versgemalen peper

10 ml / 2 theelepels suiker

Meng alle ingrediënten en laat 3 uur weken. Grill of bak (bak) op een hete grill ongeveer 5 minuten per kant.

Kantonees rundvlees

voor 4 personen

30 ml / 2 el maizena (maizena)

2 eiwitten, losgeklopt

450 g biefstuk, in reepjes gesneden

frituurolie

4 stengels bleekselderij, in plakjes

2 uien, in plakjes

60 ml / 4 eetlepels water

20 ml / 4 theelepels zout

75 ml / 5 el sojasaus

60 ml / 4 el rijstwijn of droge sherry

30 ml / 2 eetlepels suiker

versgemalen peper

Meng de helft van de maïsmeel met de eiwitten. Voeg het vlees toe en meng om het vlees met het beslag te bedekken. Verhit de olie en bak de filet goudbruin. Haal uit de pan en laat uitlekken op keukenpapier. Verhit 15 ml/1 el olie en fruit hierin de bleekselderij en ui 3 minuten. Voeg het vlees, water, zout, sojasaus, wijn of sherry en suiker toe en breng op smaak met peper. Breng aan de kook en kook, al roerend, tot de saus dikker wordt.

kalfsvlees met wortelen

voor 4 personen

30 ml / 2 el arachideolie

1 pond / 450 g mager rundvlees, in blokjes

2 lente-uitjes (lente-uitjes), in plakjes

2 teentjes knoflook, fijngehakt

1 plakje gehakte gemberwortel

250 ml / 8 fl oz / 1 kop sojasaus

30 ml / 2 el rijstwijn of droge sherry

30 ml / 2 eetlepels bruine suiker

5 ml/1 theelepel zout

600 ml/1 pt/2¬Ω kopjes water

4 wortels diagonaal gesneden

Verhit de olie en bak het vlees lichtbruin. Giet de overtollige olie af en voeg de bieslook, knoflook, gember en venkel toe, bak 2 minuten. Voeg sojasaus, wijn of sherry, suiker en zout toe en meng goed. Voeg water toe, breng aan de kook, dek af en kook gedurende 1 uur. Voeg de wortels toe, dek af en kook nog eens 30 minuten. Verwijder het deksel en kook tot de saus vermindert.

Biefstuk Met Cashewnoten

voor 4 personen

60 ml / 4 eetlepels arachideolie

450 g entrecote, dun gesneden

8 lente-uitjes (bosui), in stukjes gesneden

2 teentjes knoflook, fijngehakt

1 plakje gehakte gemberwortel

75 g/3 oz/elk kopje geroosterde cashewnoten

120 ml water

20 ml / 4 tl maïsmeel (maizena)

20ml/4 theelepel sojasaus

5ml/1 theelepel sesamolie

5ml/1 theelepel oestersaus

5 ml / 1 tl hete saus

Verhit de helft van de olie en bak het vlees lichtbruin. Haal uit de koekenpan. Verhit de rest van de olie en fruit de sjalotten, knoflook, gember en cashewnoten 1 minuut. Doe het vlees terug in de pan. Combineer de resterende ingrediënten en roer het mengsel in de pan. Breng aan de kook en kook al roerend tot het mengsel dikker wordt.

Rundvleesstoofpot uit de slowcooker

voor 4 personen

30 ml / 2 el arachideolie

450 g runderstoofvlees, in blokjes

3 plakjes gehakte gemberwortel

3 wortels, in plakjes

1 raap, in blokjes

15ml/1 el zwarte dadels

15 ml/1 el lotuszaadjes

30 ml / 2 eetlepels tomatenpuree (puree)

10 ml / 2 eetlepels zout

900 ml runderbouillon

8 fl oz / 250 ml / 1 kopje rijstwijn of droge sherry

Verhit de olie in een pan met dikke bodem of koekenpan en bak het vlees aan alle kanten goudbruin.

Biefstuk Met Bloemkool

voor 4 personen

225 g bloemkoolroosjes

frituurolie

Biefstuk van 225 g, in reepjes gesneden

50g / 2oz bamboescheuten, in reepjes gesneden

10 waterkastanjes, in reepjes gesneden

120 ml kippenbouillon

15 ml / 1 el sojasaus

15 ml / 1 el oestersaus

15 ml / 1 el tomatenpuree (puree)

15 ml / 1 el maizena (maizena)

2,5 ml/¬Ω theelepel sesamolie

Kook de bloemkool 2 minuten in kokend water en giet af. Verhit de olie en bak de bloemkool lichtbruin. Verwijder en laat uitlekken op keukenpapier. Verhit de olie opnieuw en bak het vlees tot het lichtbruin is, haal het eruit en laat het uitlekken. Giet alles behalve 15 ml / 1 el olie erbij en fruit de bamboescheuten en waterkastanjes 2 minuten. Voeg de resterende ingrediënten toe, breng aan de kook en kook, al roerend, tot de saus dikker wordt. Doe het vlees en de bloemkool terug in de pan en verwarm zachtjes. Serveer onmiddellijk.

kalfsvlees met bleekselderij

voor 4 personen

100 g bleekselderij, in reepjes gesneden

45 ml / 3 el arachideolie

2 lente-uitjes (lente-uitjes), fijngehakt

1 plakje gehakte gemberwortel

225 g mager rundvlees, in reepjes gesneden

30 ml / 2 el sojasaus

30 ml / 2 el rijstwijn of droge sherry

2,5 ml/¬Ω theelepel suiker

2,5 ml/¬Ω theelepel zout

Blancheer de bleekselderij 1 minuut in kokend water en laat goed uitlekken. Verhit de olie en fruit hierin de sjalotten en gember licht goudbruin. Voeg het vlees toe en bak 4 minuten mee. Voeg bleekselderij toe en bak 2 minuten. Voeg sojasaus, wijn of sherry, suiker en zout toe en roerbak 3 minuten.

Stukjes geroosterd vlees met bleekselderij

voor 4 personen

30 ml / 2 el arachideolie

450 g mager rundvlees, in reepjes gesneden

3 fijngehakte stengels bleekselderij

1 ui, geraspt

1 sjalot (lente-uitjes), in plakjes

1 plakje gehakte gemberwortel

30 ml / 2 el sojasaus

15 ml / 1 el droge sherry of rijstwijn

2,5 ml/½ theelepel suiker

2,5 ml/½ theelepel zout

10 ml / 2 tl maïsmeel (maizena)

30 ml / 2 eetlepels water

Verhit de helft van de olie tot zeer heet en bak het vlees in 1 minuut goudbruin. Haal uit de koekenpan. Verhit de rest van de olie en fruit hierin de bleekselderij, ui, sjalotten en gember tot ze licht zacht zijn. Doe het vlees terug in de pan met sojasaus, wijn of sherry, suiker en zout, breng aan de kook en laat doorkoken. Meng de maïsmeel met het water, roer in de pan en kook tot de saus dikker wordt. Serveer onmiddellijk.

Rundvleesreepjes met kip en selderij

voor 4 personen

4 Chinese gedroogde paddenstoelen

45 ml / 3 el arachideolie

2 teentjes knoflook, fijngehakt

1 in plakjes gesneden gemberwortel, fijngehakt

5 ml/1 theelepel zout

4 oz/100 g mager rundvlees, in reepjes gesneden

100 g kip, in reepjes gesneden

2 wortels, in reepjes gesneden

2 stengels bleekselderij in reepjes gesneden

4 lente-uitjes (lente-uitjes), in reepjes gesneden

5 ml/1 theelepel suiker

5ml/1 theelepel sojasaus

5 ml/1 theelepel rijstwijn of droge sherry

45 ml / 3 eetlepels water

5 ml / 1 tl maïsmeel (maïszetmeel)

Week de champignons 30 minuten in warm water en giet ze af. Gooi de stelen weg en hak de toppen fijn. Verhit de olie en bak de knoflook, gember en zout licht goudbruin. Voeg het rundvlees en de kip toe en bak tot het bruin begint te worden. Voeg bleekselderij, sjalotten, suiker, sojasaus, wijn of sherry en water toe en breng aan de kook. Dek af en kook ongeveer 15 minuten tot het vlees gaar is. Meng de maïsmeel met een beetje water, roer de saus erdoor en breng al roerend aan de kook tot de saus dikker wordt.

gekruid vlees

voor 4 personen

450 g entrecote, in reepjes gesneden
45 ml / 3 el sojasaus
15 ml / 1 el droge sherry of rijstwijn
15 ml / 1 el bruine suiker
15 ml / 1 el fijngehakte gemberwortel
30 ml / 2 el arachideolie
50g / 2oz bamboescheuten, in luciferhoutjes gesneden
1 ui, in reepjes gesneden
1 bleekselderij, in reepjes gesneden
2 rode pepers, zaad verwijderd en in reepjes gesneden
120 ml kippenbouillon
15 ml / 1 el maizena (maizena)

Doe de biefstuk in een kom. Combineer de sojasaus, wijn of sherry, suiker en gember en meng dit door de steak. Laat het 1 uur marineren. Haal de biefstuk uit de marinade. Verhit de helft van de olie en fruit de bamboescheut, ui, bleekselderij en paprika 3 minuten en haal ze dan uit de pan. Verhit de resterende olie en bak de biefstuk 3 minuten. Voeg de marinade toe, breng aan de kook en voeg de gebakken groenten toe. Kook op laag vuur al roerend gedurende 2 minuten. Meng de bouillon en maïsmeel en doe dit in de pan. Breng aan de kook en kook al roerend tot de saus helder en ingedikt is.

Biefstuk Met Chinese Kool

voor 4 personen

225 g mager rundvlees

30 ml / 2 el arachideolie

350 g paksoi, versnipperd

120 ml runderbouillon

zout en versgemalen peper

10 ml / 2 tl maïsmeel (maizena)

30 ml / 2 eetlepels water

Snijd het vlees in dunne plakjes tegen de draad in. Verhit de olie en bak het vlees goudbruin. Voeg de paksoi toe en bak tot een beetje zacht. Voeg de bouillon toe, breng aan de kook en breng op smaak met zout en peper. Dek af en kook 4 minuten tot het vlees gaar is. Meng de maïsmeel met het water, roer in de pan en kook, al roerend, tot de saus dikker wordt.

Biefstuk Suey

voor 4 personen

3 stengels bleekselderij, in plakjes
100 g / 4 oz taugé
100 gram broccoliroosjes
60 ml / 4 eetlepels arachideolie
3 lente-uitjes (lente-uitjes), fijngehakt
2 teentjes knoflook, fijngehakt
1 plakje gehakte gemberwortel
225 g mager rundvlees, in reepjes gesneden
45 ml / 3 el sojasaus
15 ml / 1 el droge sherry of rijstwijn
5 ml/1 theelepel zout
2,5 ml/¬Ω theelepel suiker
versgemalen peper
15 ml / 1 el maizena (maizena)

Blancheer de bleekselderij, taugé en broccoli 2 minuten in kokend water, giet af en dep droog. Verhit 45 ml / 3 el olie en fruit hierin de sjalotjes, knoflook en gember licht goudbruin. Voeg het vlees toe en bak 4 minuten mee. Haal uit de koekenpan. Verhit de resterende olie en bak de groenten 3 minuten. Voeg het vlees, de sojasaus, wijn of sherry, zout, suiker en een snufje peper toe en roerbak 2 minuten. Meng de maïsmeel met een beetje water, roer in de pan en kook al roerend tot de saus helder en ingedikt is.

kalfsvlees met komkommer

voor 4 personen

450 g entrecote, dun gesneden
45 ml / 3 el sojasaus
30 ml / 2 el maizena (maizena)
60 ml / 4 eetlepels arachideolie
2 komkommers, geschild, ontpit en in plakjes
60 ml/4 eetlepels kippenbouillon
30 ml / 2 el rijstwijn of droge sherry
zout en versgemalen peper

Doe de biefstuk in een kom. Meng de sojasaus en maïsmeel en meng met de biefstuk. Laat het 30 minuten marineren. Verhit de helft van de olie en bak de komkommers in 3 minuten glazig en haal ze dan uit de pan. Verhit de resterende olie en bak de biefstuk goudbruin. Komkommers toevoegen en 2 minuten meebakken. Voeg de bouillon, wijn of sherry toe en breng op smaak met zout en peper. Breng aan de kook, dek af en kook gedurende 3 minuten.

rundvlees chow mein

voor 4 personen

750 g entrecote

2 uien

45 ml / 3 el sojasaus

45 ml / 3 el rijstwijn of droge sherry

15 ml / 1 el pindakaas

5 ml / 1 tl citroensap

350 g eiernoedels

60 ml / 4 eetlepels arachideolie

175 ml/6 fl oz/elk kopje kippenbouillon

15 ml / 1 el maizena (maizena)

30 ml / 2 el oestersaus

4 lente-uitjes (lente-uitjes), fijngehakt

3 stengels bleekselderij, in plakjes
100 g champignons, in plakjes
1 groene paprika, in reepjes gesneden
100 g / 4 oz taugé

Snijd het vet van het vlees weg en gooi het weg. Snijd het graan in dunne plakjes. Snijd de ui in blokjes en haal de lagen uit elkaar. Meng 15 ml/1 el sojasaus met 15 ml/1 el wijn of sherry, de pindakaas en het citroensap. Voeg het vlees toe, dek af en laat 1 uur rusten. Kook de noedels ongeveer 5 minuten in kokend water of tot ze gaar zijn. Droog goed. Verhit 15 ml/1 el olie, voeg 15 ml/1 el sojasaus en noedels toe en roerbak 2 minuten tot ze lichtbruin zijn. Breng over naar een warme schotel.

Roer de resterende sojasaus en wijn of sherry met bouillon, maïsmeel en oestersaus erdoor. Verhit 15 ml/1 el olie en fruit de ui 1 minuut. Voeg de bleekselderij, champignons, paprika en taugé toe en roerbak 2 minuten. Haal uit de wok. Verhit de rest van de olie en bak het vlees goudbruin. Voeg het bouillonmengsel toe, breng aan de kook, dek af en laat 3 minuten sudderen. Doe de groenten terug in de wok en laat al roerend ongeveer 4 minuten sudderen tot ze heet zijn. Giet het mengsel over de noedels en serveer.

komkommer biefstuk

voor 4 personen

450 g entrecote

10 ml / 2 tl maïsmeel (maizena)

10 ml / 2 theelepels zout

2,5 ml/¬Ω theelepel versgemalen peper

90 ml/6 eetlepels arachideolie

1 ui, fijngehakt

1 komkommer, geschild en in plakjes

120 ml runderbouillon

Snijd de biefstuk in reepjes en vervolgens in dunne plakjes tegen de draad in. Doe in een kom en voeg de maïsmeel, zout, peper en de helft van de olie toe. Laat het 30 minuten marineren. Verhit de resterende olie en bak hierin het vlees en de ui lichtbruin. Voeg komkommers en bouillon toe, breng aan de kook, dek af en kook gedurende 5 minuten.

gestoofde rundvleescurry

voor 4 personen

45 ml / 3 eetlepels boter

15 ml/1 el kerriepoeder

45 ml / 3 el bloem voor alle doeleinden (voor alle doeleinden)

375 ml / 13 fl oz / 1 Ω kopjes melk

15 ml / 1 el sojasaus

zout en versgemalen peper

450 g gekookt rundvlees, gehakt

100 g erwten

2 gesneden wortelen

2 gesnipperde uien

8 oz/225 g gekookte langkorrelige rijst, warm

1 zachtgekookt ei (gekookt), in plakjes

Smelt de boter, voeg de kerrie en bloem toe en bak 1 minuut. Voeg melk en sojasaus toe, breng aan de kook en kook al roerend 2 minuten. Kruid met peper en zout. Voeg het vlees, de erwten, de wortelen en de ui toe en meng goed om de saus te bedekken. Voeg de rijst toe, doe het mengsel in een ovenschaal en bak in een voorverwarmde oven op 200°C/400°F/gasstand 6 gedurende

20 minuten tot de groenten gaar zijn. Serveer versierd met plakjes gekookt ei.

gemarineerde abalone

voor 4 personen

1 lb / 450 g blik abalone

45 ml / 3 el sojasaus

30 ml/2 eetlepels wijnazijn

5 ml/1 theelepel suiker

een paar druppels sesamolie

Giet de abalone af en snijd in dunne plakjes of reepjes. Combineer de resterende ingrediënten, giet over abalone en meng goed. Dek af en zet 1 uur in de koelkast.

Stoofpotje van bamboescheuten

voor 4 personen

60 ml / 4 eetlepels arachideolie

225 g bamboescheuten, in reepjes gesneden

60 ml/4 eetlepels kippenbouillon

15 ml / 1 el sojasaus

5 ml/1 theelepel suiker

5 ml/1 theelepel rijstwijn of droge sherry

Verhit de olie en bak de bamboescheuten 3 minuten. Klop de bouillon, sojasaus, suiker en wijn of sherry door elkaar en voeg toe aan de pot. Dek af en kook op laag vuur gedurende 20 minuten. Koel en koel voor het opdienen.

komkommer kip

voor 4 personen

1 komkommer, geschild en gezaaid

8 oz/225 g gekookte kip, versnipperd

5ml/1 theelepel mosterdpoeder

2,5 ml/¬Ω theelepel zout

30 ml/2 eetlepels wijnazijn

Snijd de komkommer in reepjes en leg ze op een ondiepe schaal. Leg de kip erop. Meng de mosterd, het zout en de wijnazijn en giet dit vlak voor het opdienen over de kip.

kip sesam

voor 4 personen

350 g gekookte kip
120 ml water
5ml/1 theelepel mosterdpoeder
15 ml / 1 el sesamzaadjes
2,5 ml/¬Ω theelepel zout
een snufje suiker
45 ml / 3 eetlepels gehakte verse koriander
5 lente-uitjes (lente-uitjes), fijngehakt
¬Ω gehakte sla

Snijd de kip in dunne reepjes. Meng voldoende water door de mosterd om een gladde pasta te maken en meng dit door de kip. Rooster de sesamzaadjes in een droge koekenpan tot ze lichtbruin zijn, voeg ze toe aan de kip en bestrooi met zout en suiker. Voeg de helft van de peterselie en bieslook toe en meng goed. Schik de salade op een serveerschaal, bedek met het kipmengsel en garneer met de resterende peterselie.

lychee met gember

voor 4 personen

1 grote watermeloen, gehalveerd en uitgehold
450 g ingeblikte lychees, uitgelekt
5 cm gemberstengel, in plakjes
wat muntblaadjes

Vul de meloenhelften met lychee en gember, garneer met muntblaadjes. Koel voor het opdienen.

Rode gekookte kippenvleugels

voor 4 personen

8 kippenvleugels

2 lente-uitjes (lente-uitjes), fijngehakt

75 ml / 5 el sojasaus

120 ml water

30 ml / 2 eetlepels bruine suiker

Snijd de beenuiteinden van de kippenvleugels weg en snijd ze doormidden. Doe in een pan met de andere ingrediënten, breng aan de kook, dek af en kook gedurende 30 minuten. Verwijder het deksel en laat nog 15 minuten sudderen, regelmatig bedruipen. Koel en koel voor het opdienen.

krab met komkommer

voor 4 personen

100 g krabvlees, vlokken

2 komkommers, geschild en geraspt

1 plakje gehakte gemberwortel

15 ml / 1 el sojasaus

30 ml/2 eetlepels wijnazijn

5 ml/1 theelepel suiker

een paar druppels sesamolie

Doe het krabvlees en de komkommers in een kom. Combineer de resterende ingrediënten, giet over het krabvleesmengsel en meng goed. Dek af en zet 30 minuten in de koelkast alvorens te serveren.

de gemarineerde champignon

voor 4 personen

225 g champignons

30 ml / 2 el sojasaus

15 ml / 1 el droge sherry of rijstwijn

snufje zout

een paar druppels tabascosaus

een paar druppels sesamolie

Blancheer de champignons 2 minuten in kokend water, giet ze af en droog ze af. Doe in een kom en giet de resterende ingrediënten erover. Meng goed en laat afkoelen voor het opdienen.

Gemarineerde Knoflook Champignons

voor 4 personen

225 g champignons
3 teentjes knoflook, fijngehakt
30 ml / 2 el sojasaus
30 ml / 2 el rijstwijn of droge sherry
15 ml / 1 el sesamolie
snufje zout

Doe champignons en knoflook in een vergiet, giet er kokend water over en laat 3 minuten staan. Goed schoonmaken en drogen. Meng de rest van de ingrediënten, giet de marinade over de champignons en laat 1 uur marineren.

garnalen en bloemkool

voor 4 personen

225 g bloemkoolroosjes

100 g gepelde garnalen

15 ml / 1 el sojasaus

5ml/1 theelepel sesamolie

Kook de bloemkool gedeeltelijk in ongeveer 5 minuten gaar maar nog steeds knapperig. Meng met garnalen, besprenkel met sojasaus en sesamolie en meng. Koel voor het opdienen.

sesam ham sticks

voor 4 personen

225 g ham, in reepjes gesneden

10ml/2 theelepel sojasaus

2,5 ml/¬Ω theelepel sesamolie

Schik de ham op een schaal. Meng de sojasaus en sesamolie, besprenkel de ham en serveer.

koude tahoe

voor 4 personen

1 pond / 450 g tofu, in plakjes
45 ml / 3 el sojasaus
45 ml / 3 el arachideolie
versgemalen peper

Doe de tofu, een paar plakjes per keer, in een vergiet en plaats 40 seconden in kokend water, giet af en leg op een bord. Laten afkoelen. Meng de sojasaus en olie, bestrooi de tofu en serveer bestrooid met peper.

Kip Met Spek

voor 4 personen

8 oz/225 g kip, zeer dun gesneden

75 ml / 5 el sojasaus

15 ml / 1 el droge sherry of rijstwijn

1 teentje knoflook, geplet

15 ml / 1 el bruine suiker

5 ml/1 theelepel zout

5ml/1 theelepel fijngehakte gemberwortel

225 g in blokjes gesneden mager spek

100 g/4 oz waterkastanjes, zeer dun gesneden

30 ml/2 eetlepels honing

Doe de kip in de kom. Meng 45 ml / 3 el sojasaus met wijn of sherry, knoflook, suiker, zout en gember, giet over de kip en marineer ca. 3 uur. Rijg de kip, bacon en kastanjes aan de kebabspiesjes. Meng de rest van de sojasaus met honing en bestrijk de spiesjes. Grill (bak) onder een hete grill ca. 10 minuten tot ze gaar zijn, regelmatig keren en bestrijken met meer topping terwijl ze koken.

Gebakken kip en banaan

voor 4 personen

2 gekookte kipfilets

2 stevige bananen

6 sneetjes brood

4 eieren

120 ml melk

50 g bloem (universeel)

8 oz / 225 g / 4 kopjes verse paneermeel

frituurolie

Snijd de kip in 24 stukken. Schil de bananen en snijd ze in de lengte in vieren. Snijd elk kwart in drieën om 24 stukken te maken. Verwijder de korst van het brood en verdeel het in vieren. Klop de eieren en melk los en bestrijk een kant van het brood. Leg een stuk kip en een stuk banaan op de met eieren beklede kant van elk broodje. Bestuif de vierkantjes licht met bloem, doop ze in het ei en bestrooi ze met paneermeel. Ga weer door het ei en door de raspen. Verhit de olie en bak een paar vierkantjes tegelijk goudbruin. Laat voor het serveren uitlekken op keukenpapier.

Kip Met Gember En Champignons

voor 4 personen

8 ons / 225 g kipfiletfilets

5ml/1 theelepel vijfkruidenpoeder

15 ml / 1 el bloem voor alle doeleinden (voor alle doeleinden)

120 ml arachideolie

4 sjalotjes, gehalveerd

1 teentje knoflook, in plakjes

1 plakje gehakte gemberwortel

25 g cashewnoten

5ml/1 theelepel honing

15 ml / 1 eetlepel rijstmeel

75 ml / 5 el rijstwijn of droge sherry

100 g champignons in een kwart

2,5 ml/¬Ω theelepel saffraan

6 gele paprika's, gehalveerd

5ml/1 theelepel sojasaus

¬Ω citroensap

zout en peper

4 knapperige slablaadjes

Snijd de kipfilet diagonaal over het graan in dunne reepjes. Bestrooi met vijfkruidenpoeder en bestuif licht met bloem. Verhit 15ml/1 el olie en bak de kip goudbruin. Haal uit de koekenpan. Verhit nog wat olie en fruit de ui, knoflook, gember en cashewnoten 1 minuut. Voeg de honing toe en roer tot de groenten bedekt zijn. Bestuif met bloem en voeg wijn of sherry toe. Voeg de champignons, saffraan en peper toe en bak 1 minuut mee. Voeg de kip, sojasaus, de helft van het limoensap, zout en peper toe en warm goed door. Haal uit de pan en houd warm. Verhit nog wat olie, voeg de slablaadjes toe en bak snel, breng op smaak met peper en zout en het resterende limoensap.

kip en ham

voor 4 personen

8 oz/225 g kip, zeer dun gesneden

75 ml / 5 el sojasaus

15 ml / 1 el droge sherry of rijstwijn

15 ml / 1 el bruine suiker

5ml/1 theelepel fijngehakte gemberwortel

1 teentje knoflook, geplet

225 g gekookte ham, in blokjes gesneden

30 ml/2 eetlepels honing

Doe de kip in een kom met 45ml/3 el sojasaus, wijn of sherry, suiker, gember en knoflook. Laat het 3 uur marineren. Rijg de kip en ham aan de kebabspiesjes. Meng de rest van de sojasaus met honing en bestrijk de spiesjes. Grill (bak) onder een hete grill ca. 10 minuten, regelmatig keren en bestrijken met het glazuur terwijl ze koken.

Gegrilde Kippenlever

voor 4 personen

450 g kippenlever
45 ml / 3 el sojasaus
15 ml / 1 el droge sherry of rijstwijn
15 ml / 1 el bruine suiker
5 ml/1 theelepel zout
5ml/1 theelepel fijngehakte gemberwortel
1 teentje knoflook, geplet

Kook de kippenlevertjes 2 minuten in kokend water en laat ze goed uitlekken. Doe in een kom met alle overige ingrediënten behalve de olie en marineer ongeveer 3 uur. Rijg de kippenlevertjes aan kebabspiesjes en gril (grill) onder een hete grill ca. 8 minuten goudbruin.

Krabballetjes met waterkastanjes

voor 4 personen

1 pond / 450 g fijngehakt krabvlees

100 g waterkastanjes, gehakt

1 teentje knoflook, geplet

1 cm/¬Ω gesneden gemberwortel, fijngehakt

45 ml / 3 el maïsmeel (maizena)

30 ml / 2 el sojasaus

15 ml / 1 el droge sherry of rijstwijn

5 ml/1 theelepel zout

5 ml/1 theelepel suiker

3 losgeklopte eieren

frituurolie

Meng alle ingrediënten behalve olie en maak er kleine balletjes van. Verhit de olie en bak de krabgehaktballetjes goudbruin. Laat goed uitlekken voor het opdienen.

dim sum

voor 4 personen

100 g garnalen, gepeld, gehakt

8 oz/225 g mager varkensvlees, fijngehakt

50 g / 2 oz paksoi, fijngehakt

3 lente-uitjes (lente-uitjes), fijngehakt

1 losgeklopt ei

30 ml / 2 el maizena (maizena)

10ml/2 theelepel sojasaus

5ml/1 theelepel sesamolie

5ml/1 theelepel oestersaus

24 wontonvellen

frituurolie

Roer de garnalen, varkensvlees, kool en lente-uitjes erdoor. Roer de eieren, maïsmeel, sojasaus, sesamolie en oestersaus erdoor. Schep lepels van het mengsel in het midden van elke wontonhuid. Druk de wikkels voorzichtig rond de vulling, breng de randen naar elkaar toe maar laat de bovenkant open. Verhit de olie en bak de dim sum beetje bij beetje goudbruin. Laat goed uitlekken en dien warm op.

Rolletjes ham en kip

voor 4 personen

2 kipfilets
1 teentje knoflook, geplet
2,5 ml/¬Ω theelepel zout
2,5 ml/¬Ω tl vijfkruidenpoeder
4 plakjes gekookte ham
1 losgeklopt ei
30 ml / 2 eetlepels melk
25 g bloem voor alle doeleinden (alle doeleinden)
4 loempia's
frituurolie

Snijd de kipfilets doormidden. Meng ze tot ze heel fijn zijn. Meng de knoflook, zout en 5 kruidenpoeder en strooi dit over de kip. Leg op elk stuk kip een plakje prosciutto en rol strak op. Meng eieren en melk. Bestuif de stukjes kip licht met bloem en dip ze in het eimengsel. Leg elk stuk op de huid van de loempia en bestrijk de randen met losgeklopt ei. Vouw de zijkanten naar binnen en rol op, knijp de randen samen om te verzegelen. Verhit de olie en bak de rolletjes in circa 5 minuten goudbruin.

bruin en gaar. Laat uitlekken op keukenpapier en snij diagonaal in dikke plakken om te serveren.

Gebakken Ham Empanadas

voor 4 personen

350g/12oz/3 kopjes bloem (voor alle doeleinden)
175 g/6 oz/elk kopje boter
120 ml water
8 oz/225 g gehakte ham
100 g gehakte bamboescheuten
2 lente-uitjes (lente-uitjes), fijngehakt
15 ml / 1 el sojasaus
30 ml/2 el sesamzaadjes

Doe de bloem in een kom en wrijf de boter erdoor. Meng met water om een deeg te maken. Rol het deeg uit en steek er cirkels van 5 cm/2 uit. Meng alle resterende ingrediënten behalve de sesamzaadjes en plaats een eetlepel in elke cirkel. Bestrijk de randen van het deeg met water en sluit af. Bestrijk de buitenkant met water en bestrooi met sesamzaadjes. Bak in een voorverwarmde oven op 180°C/350°F/gasstand 4 gedurende 30 minuten.

gerookte vis

voor 4 personen

1 zeebaars

3 plakjes gemberwortel, in plakjes

1 teentje knoflook, geplet

1 sjalot (lente-uitjes), dik gesneden

75 ml / 5 el sojasaus

30 ml / 2 el rijstwijn of droge sherry

2,5ml/½ tl gemalen anijszaad

2,5 ml/½ theelepel sesamolie

10 ml / 2 theelepels suiker

120 ml bouillon

frituurolie

5 ml / 1 tl maïsmeel (maïszetmeel)

Maak de vis schoon en snij tegen de draad in in plakken van 5 mm (¼ in). Roer de gember, knoflook, bieslook, 60ml/4 el sojasaus, sherry, anijszaad en sesamolie erdoor. Giet over de vis en roer voorzichtig. 2 uur laten staan, af en toe keren.

Giet de marinade in een pan en droog de vis op keukenpapier. Voeg suiker, bouillon en resterende sojasaus toe marinade, breng aan de kook en laat 1 minuut koken. Als de saus dikker moet worden, meng dan de maïsmeel met een beetje koud water, voeg toe aan de saus en kook, al roerend, tot de saus dikker wordt.

Verhit ondertussen de olie en bak de vis goudbruin. Droog goed. Week de stukjes vis in de marinade en leg ze op een hete plaat. Serveer warm of koud.

gevulde champignons

voor 4 personen

12 grote kroppen gedroogde paddenstoelen
225 g krabvlees
3 gehakte waterkastanjes
2 lente-uitjes (lente-uitjes), fijngehakt
1 eiwit
15 ml / 1 el maizena (maizena)
15 ml / 1 el sojasaus
15 ml / 1 el droge sherry of rijstwijn

Week de champignons een nacht in warm water. Knijpen om te drogen. Meng de overige ingrediënten en vul hiermee de champignonhoedjes. Plaats op een stoomrek en kook gedurende 40 minuten. Serveer het warm.

Champignons in oestersaus

voor 4 personen

10 Chinese gedroogde paddenstoelen
250 ml runderbouillon
15 ml / 1 el maizena (maizena)
30 ml / 2 el oestersaus
5 ml/1 theelepel rijstwijn of droge sherry

Week de champignons 30 minuten in warm water, giet ze af en bewaar 250 ml weekvocht. Gooi de stelen weg. Meng 60 ml / 4 eetlepels runderbouillon met de maïsmeel tot een papje. Breng de resterende runderbouillon met de champignons en het champignonvocht aan de kook, dek af en kook gedurende 20 minuten. Haal de champignons met een schuimspaan uit het vocht en leg ze op een hete plaat. Voeg de oestersaus en sherry toe aan de pan en kook al roerend 2 minuten. Voeg de maïsmeelpasta toe en kook op laag vuur al roerend tot de saus dikker wordt. Giet over de champignons en serveer direct.

Varkensrolletjes en salade

voor 4 personen

4 Chinese gedroogde paddenstoelen
15 ml / 1 el arachideolie
8 oz/225 g mager varkensvlees, fijngehakt
100 g gehakte bamboescheuten
100 g waterkastanjes, gehakt
4 lente-uitjes (lente-uitjes), fijngehakt
6 oz/175 g krabvlees, vlokken
30 ml / 2 el rijstwijn of droge sherry
15 ml / 1 el sojasaus
10 ml/2 theelepel oestersaus
10ml/2 theelepel sesamolie
9 Chinese bladeren

Week de champignons 30 minuten in warm water en giet ze af. Gooi de stelen weg en hak de toppen fijn. Verhit de olie en bak het varkensvlees 5 minuten. Voeg de champignons, bamboescheuten, waterkastanjes, lente-uitjes en krabvlees toe en bak 2 minuten. Combineer de wijn of sherry, sojasaus, oestersaus en sesamolie en roer in de pan. Ga uit het vuur. Blancheer intussen de Chinese bladeren 1 minuut in kokend water afwatering. Sprenkel lepels van het varkensvleesmengsel in het midden van elk blad, vouw de zijkanten naar binnen en rol op om te serveren.

Gehaktballetjes van varkensvlees en kastanje

voor 4 personen

1 pond / 450 g gemalen varkensvlees (gemalen)

50 g champignons, fijngehakt

50 g waterkastanjes, fijngehakt

1 teentje knoflook, geplet

1 losgeklopt ei

30 ml / 2 el sojasaus

15 ml / 1 el droge sherry of rijstwijn

5ml/1 theelepel fijngehakte gemberwortel

5 ml/1 theelepel suiker

zout

30 ml / 2 el maizena (maizena)

frituurolie

Meng alle ingrediënten behalve de maïsmeel en maak balletjes van het mengsel. Rol in maïsmeel. Verhit de olie en bak de gehaktballetjes in circa 10 minuten goudbruin. Laat goed uitlekken voor het opdienen.

varkensvlees balletjes

Voor 4,Äi6

1 pond / 450 g bloem (voor alle doeleinden)
500 ml / 17 fl oz / 2 kopjes water
450 g gekookt varkensvlees, fijngehakt
8 oz/225 g gepelde garnalen, gehakt
4 fijngesneden stengels bleekselderij
15 ml / 1 el sojasaus
15 ml / 1 el droge sherry of rijstwijn
15 ml / 1 el sesamolie
5 ml/1 theelepel zout
2 lente-uitjes (lente-uitjes), fijngehakt
2 teentjes knoflook, fijngehakt
1 plakje gehakte gemberwortel

Meng de bloem en het water tot een soepel deeg en kneed goed. Dek af en laat 10 minuten rusten. Rol het deeg zo dun mogelijk uit en steek er cirkels van 5 cm/2 uit. Meng alle resterende ingrediënten. Schep lepels van het mengsel in elke cirkel, bevochtig de randen en sluit ze in een halve cirkel. Breng een pan met water aan de kook en leg de gehaktballetjes voorzichtig in het water.

Gehaktballen van varkensvlees en rundvlees

voor 4 personen

100 g varkensgehakt (gemalen)
100 g rundergehakt (gehakt)
1 plakje geraspt spek, gehakt (gemalen)
15 ml / 1 el sojasaus
zout en peper
1 losgeklopt ei
30 ml / 2 el maizena (maizena)
frituurolie

Meng het gehakt en de spekjes en breng op smaak met zout en peper. Meng met het ei, maak balletjes ter grootte van een walnoot en besprenkel met maïsmeel. Verhit de olie en bak goudbruin. Laat goed uitlekken voor het opdienen.

vlinder garnalen

voor 4 personen

450 g/1 kg gepelde grote garnalen
15 ml / 1 el sojasaus
5 ml/1 theelepel rijstwijn of droge sherry
5ml/1 theelepel fijngehakte gemberwortel
2,5 ml/¬Ω theelepel zout
2 losgeklopte eieren
30 ml / 2 el maizena (maizena)
15 ml / 1 el bloem voor alle doeleinden (voor alle doeleinden)
frituurolie

Snijd de garnalen in het midden van de rug en schik ze in een vlindervorm. Roer sojasaus, wijn of sherry, gember en zout erdoor. Giet over garnalen en marineer gedurende 30 minuten. Haal uit de marinade en droog. Klop het ei met de maïzena en bloem tot een deeg en doop de garnalen in het deeg. Verhit de olie en bak de garnalen goudbruin. Laat goed uitlekken voor het opdienen.

chinese garnaal

voor 4 personen

450 g/1 kg gepelde garnalen
30 ml/2 el Worcestershire-saus
15 ml / 1 el sojasaus
15 ml / 1 el droge sherry of rijstwijn
15 ml / 1 el bruine suiker

Doe de garnalen in een kom. Meng de rest van de ingrediënten, giet over de garnalen en laat 30 minuten marineren. Leg op een bakplaat en bak in een voorverwarmde oven op 150°C/300°F/gasstand 2 gedurende 25 minuten. Serveer warm of koud in schelpen die de gasten kunnen pellen.

kroepoek

voor 4 personen

100 g kroepoek

frituurolie

Verhit de olie tot zeer heet. Voeg een handvol kroepoek per keer toe en bak een paar seconden tot ze opgeblazen zijn. Verwijder de olie en laat uitlekken op keukenpapier terwijl je de koekjes verder bakt.

krokante garnalen

voor 4 personen

450 g/1 kg gepelde tijgergarnalen
15 ml / 1 el droge sherry of rijstwijn
10ml/2 theelepel sojasaus
5ml/1 theelepel vijfkruidenpoeder
zout en peper
90 ml / 6 el maizena (maizena)
2 losgeklopte eieren
4 oz/100 g paneermeel
arachideolie om te frituren

Meng de garnalen met de wijn of sherry, sojasaus en vijfkruidenpoeder en breng op smaak met zout en peper. Doop ze in maïsmeel en daarna in losgeklopt ei en paneermeel. Bak in ruim hete olie een paar minuten tot ze lichtbruin zijn, giet af en serveer direct.

Grote garnalen met gembersaus

voor 4 personen

15 ml / 1 el sojasaus
5 ml/1 theelepel rijstwijn of droge sherry
5ml/1 theelepel sesamolie
450 g/1 kg gepelde garnalen
30 ml / 2 eetlepels gehakte verse peterselie
15 ml / 1 el wijnazijn
5ml/1 theelepel fijngehakte gemberwortel

Roer sojasaus, wijn of sherry en sesamolie erdoor. Giet over garnalen, dek af en laat 30 minuten marineren. Grill de garnalen enkele minuten tot ze gaar zijn en besprenkel ze met de marinade. Meng ondertussen de peterselie, wijnazijn en gember voor de garnalen.

Garnalen en pastarolletjes

voor 4 personen

2 oz/50 g eiernoedels, in stukjes gesneden
15 ml / 1 el arachideolie
2 oz/50 g mager varkensvlees, fijngehakt
100 g gehakte champignons
3 lente-uitjes (lente-uitjes), fijngehakt
100 g garnalen, gepeld, gehakt
15 ml / 1 el droge sherry of rijstwijn
zout en peper
24 wontonvellen
1 losgeklopt ei
frituurolie

Kook de pasta 5 minuten in kokend water, giet af en hak fijn. Verhit de olie en bak het varkensvlees 4 minuten. Voeg de champignons en uien toe en bak 2 minuten, haal dan van het vuur. Combineer garnalen, wijn of sherry en pasta en breng op smaak met zout en peper. Schep lepels van het mengsel in het midden van elke wontonhuid en bestrijk de randen met losgeklopt ei. Vouw de randen om, rol de wikkels op en sluit de randen. Verhit de olie en bak hierin de rolletjes een

een paar per keer gedurende ongeveer 5 minuten tot ze goudbruin zijn. Laat voor het serveren uitlekken op keukenpapier.

toast met garnalen

voor 4 personen

2 eieren 450 g gepelde garnalen, gehakt
15 ml / 1 el maizena (maizena)
1 ui, fijngehakt
30 ml / 2 el sojasaus
15 ml / 1 el droge sherry of rijstwijn
5 ml/1 theelepel zout
5ml/1 theelepel fijngehakte gemberwortel
8 sneetjes brood in driehoekjes gesneden
frituurolie

Meng 1 ei met alle overige ingrediënten behalve brood en olie. Giet het mengsel over de brooddriehoeken en druk ze in een koepel. Bestrijk met het resterende ei. Heet ca. 5 cm olie en bak de brooddriehoekjes goudbruin. Laat goed uitlekken voor het opdienen.

Wontons van varkensvlees en garnalen met zoetzure saus

voor 4 personen

120 ml water

60 ml/4 eetlepels wijnazijn

60 ml / 4 el bruine suiker

30 ml / 2 eetlepels tomatenpuree (puree)

10 ml / 2 tl maïsmeel (maizena)

25 g gehakte champignons

25 g gepelde garnalen, in stukjes gesneden

2 oz/50 g mager varkensvlees, fijngehakt

2 lente-uitjes (lente-uitjes), fijngehakt

5ml/1 theelepel sojasaus

2,5ml/¬Ω theelepel geraspte gemberwortel

1 teentje knoflook, geplet

24 wontonvellen

frituurolie

Doe het water, wijnazijn, suiker, tomatenpuree en maïsmeel in een kleine steelpan. Breng aan de kook, onder voortdurend roeren, en kook gedurende 1 minuut. Haal van het vuur en houd warm.

Meng champignons, garnalen, varkensvlees, lente-uitjes, sojasaus, gember en knoflook. Schep lepels vulling in elke laag, bestrijk de randen met water en druk dicht. Verhit de olie en bak de wontons beetje bij beetje goudbruin. Laat uitlekken op keukenpapier en serveer warm met zoetzure saus.

Kippensoep

Opbrengst 2 liter / 3½ pts / 8½ kopjes

1,5 kg gekookte of rauwe kippendijen
1 pond / 450 g varkensbot
1 cm/½ in stuk gemberwortel
3 lente-uitjes (lente-uitjes), in plakjes
1 teentje knoflook, geplet
5 ml/1 theelepel zout
2,25 liter / 4 pkt / 10 koppen water

Breng alle ingrediënten aan de kook, dek af en kook gedurende 15 minuten. Verwijder eventueel vet. Dek af en kook op laag vuur gedurende anderhalf uur. Zeef, koel en schuim. Vries in kleine porties in of zet in de koelkast en gebruik binnen 2 dagen.

Soep van varkensvlees en taugé

voor 4 personen

1 pond / 450 g varkensvlees, in blokjes
1,5 L / 2½ punten / 6 kopjes kippenbouillon
5 plakjes gemberwortel
350 g taugé
15 ml / 1 eetlepel zout

Blancheer het varkensvlees 10 minuten in kokend water en giet het af. Breng de bouillon aan de kook en voeg het varkensvlees en de gember toe. Dek af en kook op laag vuur gedurende 50 minuten. Voeg de taugé en het zout toe en kook 20 minuten.

Abalone en Champignonsoep

voor 4 personen

60 ml / 4 eetlepels arachideolie

4 oz/100 g mager varkensvlees, in reepjes gesneden

8 oz/225 g kan abalone, in reepjes gesneden

100 g champignons, in plakjes

2 stengels bleekselderij, in plakjes

50 g ham in reepjes gesneden

2 uien, in plakjes

1,5 l / 2½ pt / 6 kopjes water

30 ml/2 eetlepels wijnazijn

45 ml / 3 el sojasaus

2 plakjes gehakte gemberwortel

zout en versgemalen peper

15 ml / 1 el maizena (maizena)

45 ml / 3 eetlepels water

Verhit de olie en fruit hierin het varkensvlees, zeeoren, champignons, bleekselderij, ham en ui 8 minuten. Voeg het water en de wijnazijn toe, breng aan de kook, dek af en kook gedurende 20 minuten. Voeg sojasaus, gember, zout en peper toe. Meng de maïsmeel tot je een pasta krijgt water, roer de soep erdoor en kook al roerend 5 minuten tot de soep helder en ingedikt is.

Kip en aspergesoep

voor 4 personen

100 g kip, versnipperd

2 eiwitten

2,5 ml/½ theelepel zout

30 ml / 2 el maizena (maizena)

8 oz / 225 g asperges, in 2 stukken / 5 cm gesneden

100 g / 4 oz taugé

1,5 L / 2½ punten / 6 kopjes kippenbouillon

100 g champignons

Meng de kip met de eiwitten, zout en maïzena en laat 30 minuten staan. Kook de kip in kokend water ca. 10 minuten tot het gaar is en laat dan goed uitlekken. Blancheer de asperges 2 minuten in kokend water en giet ze af. Blancheer de taugé 3 minuten in kokend water en giet af. Giet de bouillon in een grote koekenpan en voeg de kip, asperges, champignons en taugé toe. Kook en breng op smaak met zout. Laat een paar minuten koken zodat de smaken zich kunnen ontwikkelen en tot de groenten zacht maar nog knapperig zijn.

Vleessoep

voor 4 personen

8 oz/225 g rundergehakt (gehakt)
15 ml / 1 el sojasaus
15 ml / 1 el droge sherry of rijstwijn
15 ml / 1 el maizena (maizena)
1,2 l / 2 punten / 5 dl kippenbouillon
5 ml / 1 tl chilisaus
zout en peper
2 losgeklopte eieren
6 lente-uitjes (lente-uitjes), fijngehakt

Meng het vlees met sojasaus, wijn of sherry en maïsmeel. Doe de bouillon erbij en leid beetje bij beetje al roerend naar het vuur. Voeg de pikante bonensaus toe en breng op smaak met zout en peper, dek af en laat ca. 10 minuten, af en toe roeren. Voeg de eieren toe en serveer bestrooid met bieslook.

Chinese runder- en bladsoep

voor 4 personen

200 g mager rundvlees, in reepjes gesneden
15 ml / 1 el sojasaus
15 ml / 1 el arachideolie
1,5 L / 2½ punten / 6 kopjes runderbouillon
5 ml/1 theelepel zout
2,5 ml/½ theelepel suiker
½ krop Chinese bladeren in stukjes gesneden

Meng het vlees met sojasaus en olie en marineer gedurende 30 minuten, af en toe roerend. Breng de bouillon met zout en suiker aan de kook, voeg de porseleinblaadjes toe en kook op laag vuur ongeveer 10 minuten tot ze bijna gaar zijn. Voeg het vlees toe en bak nog 5 minuten.

Koolsoep

voor 4 personen

60 ml / 4 eetlepels arachideolie

2 gesnipperde uien

4 oz/100 g mager varkensvlees, in reepjes gesneden

225 g paksoi, gehakt

10 ml / 2 theelepels suiker

1,2 l / 2 punten / 5 dl kippenbouillon

45 ml / 3 el sojasaus

zout en peper

15 ml / 1 el maizena (maizena)

Verhit de olie en fruit hierin de ui en het varkensvlees tot ze lichtbruin zijn. Voeg kool en suiker toe en bak 5 minuten. Voeg bouillon en sojasaus toe en breng op smaak met zout en peper. Breng aan de kook, dek af en kook gedurende 20 minuten. Meng de maïsmeel met een beetje water, roer door de soep en kook al roerend tot de soep dikker en transparant wordt.

pittige rundersoep

voor 4 personen

45 ml / 3 el arachideolie

1 teentje knoflook, geplet

5 ml/1 theelepel zout

8 oz/225 g rundergehakt (gehakt)

6 lente-uitjes (lente-uitjes), in reepjes gesneden

1 rode paprika, in reepjes gesneden

1 groene paprika, in reepjes gesneden

8 oz/225 g kool, gehakt

1 l / 1¾ pts / 4¼ kopjes runderbouillon

30 ml / 2 el pruimensaus

30 ml/2 eetlepels hoisinsaus

45 ml / 3 el sojasaus

2 stukjes gehakte gemberstengel

2 eieren

5ml/1 theelepel sesamolie

8 oz/225 g heldere noedels, geweekt

Verhit de olie en fruit hierin de knoflook en het zout tot ze licht goudbruin zijn. Vlees toevoegen en snel bruin worden. Voeg de groenten toe en bak tot ze glazig zijn. Bouillon, pruimensaus, hoisinsaus, 30ml/2 toevoegen

eetlepel sojasaus en gember, breng aan de kook en laat 10 minuten sudderen. Klop de eieren los met de sesamolie en de rest van de sojasaus. Voeg de noedelsoep toe en kook al roerend tot de eieren slierten vormen en de noedels gaar zijn.

hemelse soep

voor 4 personen

2 lente-uitjes (lente-uitjes), fijngehakt

1 teentje knoflook, geplet

30 ml / 2 eetlepels gehakte verse peterselie

5 ml/1 theelepel zout

15 ml / 1 el arachideolie

30 ml / 2 el sojasaus

1,5 l / 2½ pt / 6 kopjes water

Meng de bieslook, knoflook, peterselie, zout, olie en sojasaus. Kook het water, giet het bieslookmengsel erover en laat 3 minuten staan.

Soep van kip en bamboescheuten

voor 4 personen

2 kippendijen
30 ml / 2 el arachideolie
5 ml/1 theelepel rijstwijn of droge sherry
1,5 L / 2½ punten / 6 kopjes kippenbouillon
3 bieslook, gesneden
100 g / 4 oz bamboescheuten, in stukjes gesneden
5ml/1 theelepel fijngehakte gemberwortel
zout

Ontbeen de kip en snijd het vlees in stukjes. Verhit de olie en bak de kip aan alle kanten goudbruin. Voeg de bouillon, lente-uitjes, bamboescheuten en gember toe, breng aan de kook en kook ongeveer 20 minuten tot de kip gaar is. Breng voor het serveren op smaak met zout.

Kip en Maïssoep

voor 4 personen

1 l kippenbouillon
100 g kipgehakt
200 g suikermaïs met room
plakje ham, gehakt
Roerei
15 ml / 1 el droge sherry of rijstwijn

Breng de bouillon en de kip aan de kook, dek af en kook gedurende 15 minuten. Voeg de maïs en ham toe, dek af en kook 5 minuten. Voeg de eieren en sherry toe en roer langzaam met een tandenstoker zodat de eieren sliertjes vormen. Haal van het vuur, dek af en laat 3 minuten rusten alvorens te serveren.

Kip en gembersoep

voor 4 personen

4 Chinese gedroogde paddenstoelen
1,5 l / 2½ pt / 6 dl water of kippenbouillon
225 g kip, in blokjes
10 plakjes gemberwortel
5 ml/1 theelepel rijstwijn of droge sherry
zout

Week de champignons 30 minuten in warm water en giet ze af. Gooi de stelen weg. Kook het water of de bouillon met de overige ingrediënten en kook ongeveer 20 minuten, tot de kip gaar is.

Chinese Kippensoep Met Champignons

voor 4 personen

25g / 1oz gedroogde Chinese champignons

100 g kip, versnipperd

50 g / 2 oz bamboescheuten, gehakt

30 ml / 2 el sojasaus

30 ml / 2 el rijstwijn of droge sherry

1,2 l / 2 punten / 5 dl kippenbouillon

Week de champignons 30 minuten in warm water en giet ze af. Gooi de stelen weg en snijd de uiteinden af. Blancheer de champignons, kip en bamboescheuten 30 seconden in kokend water en giet ze af. Doe ze in een kom en voeg sojasaus en wijn of sherry toe. Laat het 1 uur marineren. Breng de bouillon aan de kook, voeg het kippenmengsel en de marinade toe. Roer goed door en laat een paar minuten koken tot de kip gaar is.

Kip en rijstsoep

voor 4 personen

1 l kippenbouillon
8 oz / 225 g / 1 kopje gekookte langkorrelige rijst
100 g gekookte kip, in reepjes gesneden
1 ui, in blokjes
5ml/1 theelepel sojasaus

Verwarm alle ingrediënten samen zachtjes totdat ze heet zijn zonder de soep te laten koken.

Kip en kokossoep

voor 4 personen

12oz / 350g kipfilet

zout

10 ml / 2 tl maïsmeel (maizena)

30 ml / 2 el arachideolie

1 fijngehakte groene paprika

1 l / 1¾ pts / 4¼ kopjes kokosmelk

5 ml / 1 tl geraspte citroenschil

12 lychees

snufje geraspte nootmuskaat

zout en versgemalen peper

2 blaadjes citroengras

Snijd de kipfilet diagonaal over de draad in reepjes. Bestrooi met zout en bedek met maïsmeel. Verhit 10 ml/2 tl olie in een wok, schudden en schenken. Herhaal nog een keer. Verhit de resterende olie en bak de kip en paprika 1 minuut. Voeg kokosmelk toe en breng aan de kook. Voeg de citroenschil toe en kook op laag vuur gedurende 5 minuten. Voeg de lychees toe, breng op smaak met nootmuskaat, peper en zout en serveer gegarneerd met citroengras.

mossel soep

voor 4 personen

2 Chinese gedroogde paddenstoelen
12 kokkels, geweekt en gewassen
1,5 L / 2½ punten / 6 kopjes kippenbouillon
50 g / 2 oz bamboescheuten, gehakt
50 g erwten, gehalveerd
2 lente-uitjes (lente-uitjes), in ringetjes gesneden
15 ml / 1 el droge sherry of rijstwijn
snufje versgemalen peper

Week de champignons 30 minuten in warm water en giet ze af. Gooi de stelen weg en snijd de bovenkant doormidden. Stoom de mosselen ca. 5 minuten totdat ze opengaan; Gooi alles weg dat gesloten blijft. Haal de kokkels uit hun schelp. Breng de bouillon aan de kook en voeg de champignons, bamboescheuten, erwten en lente-uitjes toe. Laat 2 minuten onafgedekt sudderen. Voeg de venusschelpen, wijn of sherry en peper toe en kook tot alles goed warm is.

eiersoep

voor 4 personen

1,2 l / 2 punten / 5 dl kippenbouillon
3 losgeklopte eieren
45 ml / 3 el sojasaus
zout en versgemalen peper
4 lente-uitjes, in plakjes

Kook de bouillon. Klop de losgeklopte eieren beetje bij beetje los zodat ze in strengen uiteenvallen. Voeg de sojasaus toe en breng op smaak met zout en peper. Serveer gegarneerd met bieslook.

Krab- en Jacobsschelpsoep

voor 4 personen

4 Chinese gedroogde paddenstoelen
15 ml / 1 el arachideolie
1 losgeklopt ei
1,5 L / 2½ punten / 6 kopjes kippenbouillon
6 oz/175 g krabvlees, vlokken
4 oz/100 g gepelde sint-jakobsschelpen, in plakjes
100 g / 4 oz bamboescheuten, in plakjes
2 lente-uitjes (lente-uitjes), fijngehakt
1 plakje gehakte gemberwortel
wat gekookte en gepelde garnalen (optioneel)
45 ml / 3 el maïsmeel (maizena)
90 ml / 6 eetlepels water
30 ml / 2 el rijstwijn of droge sherry
20ml/4 theelepel sojasaus
2 eiwitten

Week de champignons 30 minuten in warm water en giet ze af. Gooi de stelen weg en snijd de uiteinden in dunne plakjes. Verhit de olie, voeg het ei toe en kantel de pan zodat het ei de bodem bedekt. B' olie plaats, draai en kook de andere kant. Haal uit de pan, rol op en snijd in dunne reepjes.

Breng de bouillon aan de kook, voeg champignons, eierreepjes, krabvlees, sint-jakobsschelpen, bamboescheuten, ui, gember en eventuele garnalen toe. Kook opnieuw. Meng de maïsmeel met 60 ml/4 el water, de wijn of sherry en sojasaus en roer door de soep. Kook op laag vuur, al roerend, tot de soep dikker wordt. Klop de eiwitten los met het resterende water en giet het mengsel langzaam onder krachtig roeren bij de soep.

krab soep

voor 4 personen

90 ml/6 eetlepels arachideolie

3 gesnipperde uien

225 g wit en bruin krabvlees

1 plakje gehakte gemberwortel

1,2 l / 2 punten / 5 dl kippenbouillon

150 ml rijstwijn of droge sherry

45 ml / 3 el sojasaus

zout en versgemalen peper

Verhit de olie en fruit de ui zacht maar niet bruin. Voeg het krabvlees en de gember toe en roerbak 5 minuten. Voeg bouillon, wijn of sherry en sojasaus toe, breng op smaak met zout en peper. Breng aan de kook en kook gedurende 5 minuten.

Vissoep

voor 4 personen

225 g visfilets
1 plakje gehakte gemberwortel
15 ml / 1 el droge sherry of rijstwijn
30 ml / 2 el arachideolie
1,5 l / 2½ pt / 6 kopjes visbouillon

Snijd de vis in dunne reepjes tegen de draad in. Meng gember, wijn of sherry en olie, voeg vis toe en roer voorzichtig. Laat 30 minuten marineren, af en toe keren. Breng de bouillon aan de kook, voeg de vis toe en kook 3 minuten.

Vissoep en salade

voor 4 personen

225 g witte visfilets

30 ml / 2 el bloem voor alle doeleinden (voor alle doeleinden)

zout en versgemalen peper

90 ml/6 eetlepels arachideolie

6 lente-uitjes (lente-uitjes), in plakjes

100 g sla, versnipperd

1,2 l / 2 pkt / 5 kopjes water

10 ml / 2 tl fijngehakte gemberwortel

150 ml rijstwijn of droge sherry

30 ml / 2 el maizena (maizena)

30 ml / 2 eetlepels gehakte verse peterselie

10 ml / 2 tl citroensap

30 ml / 2 el sojasaus

Snijd de vis in dunne reepjes en bestrijk ze vervolgens met gekruide bloem. Verhit de olie en fruit hierin de bieslook tot deze zacht is. Voeg de salade toe en bak 2 minuten mee. Voeg de vis toe en bak 4 minuten. Voeg water, gember en wijn of sherry toe, breng aan de kook, dek af en laat 5 minuten sudderen. Meng de maïsmeel met een beetje water en meng dit vervolgens door de soep. Kook op laag vuur al roerend nog 4 minuten tot de soep dikker wordt.

afspoelen en op smaak brengen met zout en peper. Serveer bestrooid met peterselie, citroensap en sojasaus.

Gembersoep Met Gehaktballen

voor 4 personen

5 cm gemberwortel, geraspt

350 g bruine suiker

1,5 l / 2½ pt / 7 kopjes water

225 g / 8 oz / 2 kopjes rijstmeel

2,5 ml / ½ theelepel zout

60 ml / 4 eetlepels water

Doe de gember, suiker en water in een pan en breng al roerend aan de kook. Dek af en kook op laag vuur gedurende ongeveer 20 minuten. Zeef de soep en doe hem terug in de pan.

Doe ondertussen de bloem en het zout in een kom en kneed beetje bij beetje in voldoende water tot een dik deeg. Rol balletjes en leg ze in de soep. Breng de soep weer aan de kook, dek af en kook nog 6 minuten tot de gehaktballetjes gaar zijn.

sterke en zure soep

voor 4 personen

8 Chinese gedroogde paddenstoelen

1 l kippenbouillon

100 g kip, in reepjes gesneden

100 g / 4 oz bamboescheuten, in reepjes gesneden

100 g tofu, in reepjes gesneden

15 ml / 1 el sojasaus

30 ml/2 eetlepels wijnazijn

30 ml / 2 el maizena (maizena)

2 losgeklopte eieren

een paar druppels sesamolie

Week de champignons 30 minuten in warm water en giet ze af. Gooi de stelen weg en snijd de uiteinden in reepjes. Breng champignons, bouillon, kip, bamboescheuten en tofu aan de kook, dek af en kook gedurende 10 minuten. Klop de sojasaus, wijnazijn en maïzena glad, roer door de soep en kook 2 minuten tot de soep gaar is. Voeg beetje bij beetje de eieren en sesamolie toe, al roerend met een tandenstoker. Dek af en laat 2 minuten rusten alvorens te serveren.

Champignonsoep

voor 4 personen

15 Chinese gedroogde paddenstoelen
1,5 L / 2½ punten / 6 kopjes kippenbouillon
5 ml/1 theelepel zout

Week de champignons 30 minuten in warm water en giet het vocht af. Gooi de stengels weg en snijd de toppen doormidden als ze groot zijn en plaats ze in een grote hittebestendige container. Plaats de kom op een rek in de stomer. Kook de bouillon, giet over de champignons, dek af en kook gedurende 1 uur in kokend water. Breng op smaak met zout en serveer.

Champignon- en boerenkoolsoep

voor 4 personen

25g / 1oz gedroogde Chinese champignons
15 ml / 1 el arachideolie
50 g Chinese bladeren, gehakt
15 ml / 1 el droge sherry of rijstwijn
15 ml / 1 el sojasaus
1,2L/2 punten/5 kopjes kippen- of groentebouillon
zout en versgemalen peper
5ml/1 theelepel sesamolie

Week de champignons 30 minuten in warm water en giet ze af. Gooi de stelen weg en snijd de uiteinden af. Verhit de olie en bak de champignons en Chinese bladeren 2 minuten tot ze goed bedekt zijn. Voeg wijn of sherry en sojasaus toe en voeg bouillon toe. Breng aan de kook, breng op smaak met zout en peper en laat 5 minuten koken. Besprenkel met sesamolie voor het opdienen.

Champignon Ei Soep

voor 4 personen

1 l kippenbouillon
30 ml / 2 el maizena (maizena)
100 g champignons, in plakjes
1 uienring, fijngehakt
snufje zout
3 druppels sesamolie
2,5 ml/½ theelepel sojasaus
1 losgeklopt ei

Meng een deel van de bouillon met de maïsmeel en meng dan alle ingrediënten behalve het ei. Breng aan de kook, dek af en kook gedurende 5 minuten. Voeg al roerend met een tandenstoker het ei toe zodat het ei slierten vormt. Haal van het vuur en laat 2 minuten rusten alvorens te serveren.

Champignon- en waterkastanjesoep

voor 4 personen

1 l groentebouillon of water
2 uien, fijngehakt
5 ml/1 theelepel rijstwijn of droge sherry
30 ml / 2 el sojasaus
225 g champignons
100 g waterkastanjes, in plakjes
100 g / 4 oz bamboescheuten, in plakjes
een paar druppels sesamolie
2 blaadjes sla, in stukjes gesneden
2 lente-uitjes (bosui), in stukjes gesneden

Kook water, ui, wijn of sherry en sojasaus, dek af en laat 10 minuten sudderen. Voeg de champignons, waterkastanjes en bamboescheuten toe, dek af en kook 5 minuten. Voeg sesamolie, slablaadjes en bieslook toe, haal van het vuur, dek af en laat 1 minuut staan alvorens te serveren.

Soep van varkensvlees en champignons

voor 4 personen

60 ml / 4 eetlepels arachideolie
1 teentje knoflook, geplet
2 uien, in plakjes
225 g mager varkensvlees, in reepjes gesneden
1 bleekselderij, gehakt
50 g champignons, in plakjes
2 wortels, in plakjes
1,2L/2 punten/5 kopjes runderbouillon
15 ml / 1 el sojasaus
zout en versgemalen peper
15 ml / 1 el maizena (maizena)

Verhit de olie en fruit de knoflook, ui en varkensvlees tot de ui zacht en lichtbruin is. Voeg de bleekselderij, champignons en wortels toe, dek af en kook gedurende 10 minuten. Breng de bouillon aan de kook, voeg toe aan de pan met de sojasaus en breng op smaak met zout en peper. Meng de maïsmeel met een beetje water, roer het dan in de pan en breng ongeveer 5 minuten al roerend aan de kook.

Soep van varkensvlees en waterkers

voor 4 personen

1,5 L / 2½ punten / 6 kopjes kippenbouillon
4 oz/100 g mager varkensvlees, in reepjes gesneden
3 stengels bleekselderij, diagonaal doorgesneden
2 lente-uitjes (lente-uitjes), in plakjes
1 bosje cress
5 ml/1 theelepel zout

Breng de bouillon aan de kook, voeg het varkensvlees en de bleekselderij toe, dek af en kook gedurende 15 minuten. Voeg de lente-uitjes, waterkers en zout toe en kook onafgedekt ongeveer 4 minuten.

varkens-komkommersoep

voor 4 personen

4 oz/100 g mager varkensvlees, dun gesneden
5 ml / 1 tl maïsmeel (maïszetmeel)
15 ml / 1 el sojasaus
15 ml / 1 el droge sherry of rijstwijn
1 komkommer
1,5 L / 2½ punten / 6 kopjes kippenbouillon
5 ml/1 theelepel zout

Roer varkensvlees, maïsmeel, sojasaus en wijn of sherry erdoor. Meng om het varkensvlees te coaten. Schil de komkommer, snijd hem in de lengte doormidden en schraap de zaadlijsten eruit. Dikke snit. Breng de bouillon aan de kook, voeg het varkensvlees toe, dek af en kook gedurende 10 minuten. Voeg de komkommer toe en bak een paar minuten tot hij glazig is. Voeg zout toe en voeg eventueel nog wat sojasaus toe.

Soep met gehaktballen en noedels

voor 4 personen

50 g rijstnoedels

8 oz/225 g gemalen varkensvlees (gemalen)

5 ml / 1 tl maïsmeel (maïszetmeel)

2,5 ml/½ theelepel zout

30 ml / 2 eetlepels water

1,5 L / 2½ punten / 6 kopjes kippenbouillon

1 sjalot (lente-uitjes), fijngehakt

5ml/1 theelepel sojasaus

Leg de noedels in koud water terwijl je de gehaktballetjes maakt. Meng het varkensvlees, maïsmeel, een beetje zout en water en maak balletjes ter grootte van een walnoot. Breng een pan met water aan de kook, voeg de gehaktballetjes toe, dek af en kook gedurende 5 minuten. Giet goed af en laat de pasta uitlekken. Breng de bouillon aan de kook, voeg de varkensballetjes en noedels toe, dek af en kook gedurende 5 minuten. Voeg de lente-uitjes, sojasaus en het resterende zout toe en kook nog 2 minuten.

Spinazie en tofusoep

voor 4 personen

1,2 l / 2 punten / 5 dl kippenbouillon
200 g tomaten uit blik, uitgelekt en in stukjes gesneden
225 g tofu, in blokjes
8 oz/225 g gehakte spinazie
30 ml / 2 el sojasaus
5 ml / 1 tl bruine suiker
zout en versgemalen peper

Breng de bouillon aan de kook, voeg de tomaten, tofu en spinazie toe en roer voorzichtig. Breng aan de kook en kook gedurende 5 minuten. Voeg sojasaus en suiker toe en breng op smaak met zout en peper. Bak 1 minuut voor het opdienen.

Suikermaïs en krabsoep

voor 4 personen

1,2 l / 2 punten / 5 dl kippenbouillon

200 g suikermaïs

zout en versgemalen peper

1 losgeklopt ei

200 g krabvlees, vlokken

3 gesnipperde sjalotten

Kook de bouillon, voeg de maïs toe, breng op smaak met zout en peper. Kook op laag vuur gedurende 5 minuten. Giet vlak voor het serveren de eieren met een vork en roer door de soep. Serveer bestrooid met krabvlees en gehakte sjalotten.

szechuan soep

voor 4 personen

4 Chinese gedroogde paddenstoelen

1,5 L / 2½ punten / 6 kopjes kippenbouillon

75 ml/5 eetlepels droge witte wijn

15 ml / 1 el sojasaus

2,5 ml/½ theelepel hete saus

30 ml / 2 el maizena (maizena)

60 ml / 4 eetlepels water

4 oz/100 g mager varkensvlees, in reepjes gesneden

50 g gekookte ham, in reepjes gesneden

1 rode paprika, in reepjes gesneden

50 g waterkastanjes, in plakjes

10 ml/2 tl wijnazijn

5ml/1 theelepel sesamolie

1 losgeklopt ei

100 g gepelde garnalen

6 lente-uitjes (lente-uitjes), fijngehakt

175 g tofublokjes

Week de champignons 30 minuten in warm water en giet ze af. Gooi de stelen weg en snijd de uiteinden af. Breng bouillon, wijn, soja mee.

de saus en chilisaus aan de kook brengen, afdekken en 5 minuten laten sudderen. Meng de maïsmeel met de helft van het water en roer door de soep, roer tot het dikker wordt. Voeg de champignons, het varkensvlees, de ham, de paprika en de waterkastanjes toe en bak 5 minuten. Voeg wijnazijn en sesamolie toe. Klop het ei los met het resterende water en giet het onder krachtig roeren bij de soep. Voeg de garnalen, lente-uitjes en tofu toe en bak een paar minuten om door te warmen.

tofu soep

voor 4 personen

1,5 L / 2½ punten / 6 kopjes kippenbouillon

225 g tofu, in blokjes

5 ml/1 theelepel zout

5ml/1 theelepel sojasaus

Breng de bouillon aan de kook en voeg de tofu, het zout en de sojasaus toe. Laat een paar minuten koken tot de tofu goed is opgewarmd.

Tofu en vissoep

voor 4 personen

225 g witte visfilets, in reepjes gesneden
150 ml rijstwijn of droge sherry
10 ml / 2 tl fijngehakte gemberwortel
45 ml / 3 el sojasaus
2,5 ml/½ theelepel zout
60 ml / 4 eetlepels arachideolie
2 gesnipperde uien
100 g champignons, in plakjes
1,2 l / 2 punten / 5 dl kippenbouillon
100 g tofu, in blokjes
zout en versgemalen peper

Doe de vis in een kom. Meng wijn of sherry, gember, sojasaus en zout en giet dit over de vis. Laat het 30 minuten marineren. Verhit de olie en fruit de ui 2 minuten. Voeg de champignons toe en blijf koken tot de uien zacht maar niet bruin zijn. Voeg vis en marinade toe, breng aan de kook, dek af en kook gedurende 5 minuten. Voeg bouillon toe, breng aan de kook, dek af en kook gedurende 15 minuten. Voeg de tofu toe en breng op smaak met zout en peper. Laat het op laag vuur koken tot de tofu gaar is.

Tomatensoep

voor 4 personen

400 g tomaten uit blik, uitgelekt en in stukjes gesneden
1,2 l / 2 punten / 5 dl kippenbouillon
1 plakje gehakte gemberwortel
15 ml / 1 el sojasaus
15 ml / 1 el chilisaus
10 ml / 2 theelepels suiker

Doe alle ingrediënten in een pan en laat het vuur laag worden, roer af en toe. Laat het ongeveer 10 minuten sudderen voor het opdienen.

Tomaten-spinaziesoep

voor 4 personen

1,2 l / 2 punten / 5 dl kippenbouillon

8 oz/225 g tomatenblokjes uit blik

225 g tofu, in blokjes

225 g spinazie

30 ml / 2 el sojasaus

zout en versgemalen peper

2,5 ml/½ theelepel suiker

2,5 ml/½ tl rijstwijn of droge sherry

Breng de bouillon aan de kook, voeg de tomaten, tofu en spinazie toe en kook 2 minuten. Voeg de resterende ingrediënten toe en kook 2 minuten, roer dan goed en serveer.

raap soep

voor 4 personen

1 l kippenbouillon

1 grote raap, dun gesneden

200 g mager varkensvlees, in dunne plakjes

15 ml / 1 el sojasaus

60 ml / 4 el cognac

zout en versgemalen peper

4 sjalotjes, fijngehakt

Breng de bouillon aan de kook, voeg de raap en het varkensvlees toe, dek af en kook op laag vuur gedurende ongeveer 20 minuten, tot de raap zacht is en het vlees goed gaar is. Voeg naar smaak sojasaus en cognac toe. Bak tot het opdienen heet bestrooid met sjalotten.

Groentesoep

voor 4 personen

6 Chinese gedroogde paddenstoelen

1 l groentebouillon

50g / 2oz bamboescheuten, in reepjes gesneden

50 g waterkastanjes, in plakjes

8 gesneden erwten

5ml/1 theelepel sojasaus

Week de champignons 30 minuten in warm water en giet ze af. Gooi de stelen weg en snijd de uiteinden in reepjes. Voeg ze toe aan de bouillon met bamboescheuten en waterkastanjes en breng aan de kook, dek af en kook gedurende 10 minuten. Voeg erwten en sojasaus toe, dek af en kook gedurende 2 minuten. Laat 2 minuten staan alvorens te serveren.

vegetarische soep

voor 4 personen

¼ witte kool

2 wortelen

3 stengels bleekselderij

2 lente-uitjes (lente-uitjes)

30 ml / 2 el arachideolie

1,5 l / 2½ pt / 6 kopjes water

15 ml / 1 el sojasaus

15 ml / 1 el droge sherry of rijstwijn

5 ml/1 theelepel zout

versgemalen peper

Snijd de groenten in reepjes. Verhit de olie en bak de groenten 2 minuten tot ze zacht beginnen te worden. Voeg de resterende ingrediënten toe, breng aan de kook, dek af en kook gedurende 15 minuten.

Waterkers Soep

voor 4 personen

1 l kippenbouillon
1 ui, fijngehakt
1 bleekselderij, fijngehakt
8 oz/225 g waterkers, grof gehakt
zout en versgemalen peper

Breng de bouillon, ui en bleekselderij aan de kook, dek af en laat 15 minuten sudderen. Voeg de waterkers toe, dek af en laat 5 minuten koken. Kruid met peper en zout.

Gebakken vis met groenten

voor 4 personen

4 Chinese gedroogde paddenstoelen
4 hele vissen, schoongemaakt en zonder schubben
frituurolie
30 ml / 2 el maizena (maizena)
45 ml / 3 el arachideolie
100 g / 4 oz bamboescheuten, in reepjes gesneden
50 g / 2 oz waterkastanjes, in reepjes gesneden
50 g Chinese kool, gehakt
2 plakjes gehakte gemberwortel
30 ml / 2 el rijstwijn of droge sherry
30 ml / 2 eetlepels water
15 ml / 1 el sojasaus
5 ml/1 theelepel suiker
120 ml visbouillon
zout en versgemalen peper
¬Ω gehakte sla
15 ml/1 el gehakte peterselie

Week de champignons 30 minuten in warm water en giet ze af. Gooi de stelen weg en snijd de uiteinden af. Strooi de vis in het midden

maïsmeel en schud het teveel eraf. Verhit de olie en bak de vis in circa 12 minuten gaar. Laat uitlekken op keukenpapier en houd warm.

Verhit de olie en bak de champignons, bamboescheuten, waterkastanjes en kool 3 minuten. Voeg gember, wijn of sherry, 15 ml/1 el water, sojasaus en suiker toe en kook 1 minuut. Voeg bouillon, zout en peper toe, breng aan de kook, dek af en kook gedurende 3 minuten. Meng de maïsmeel met het resterende water, roer in de pan en kook, al roerend, tot de saus dikker wordt. Schik de salade op een bord en leg de vis erop. Giet de groenten en saus erover en serveer gegarneerd met peterselie.

geroosterde hele vis

voor 4 personen

1 grote zeebaars of soortgelijke vis
45 ml / 3 el maïsmeel (maizena)
45 ml / 3 el arachideolie
1 gesnipperde ui
2 teentjes knoflook, fijngehakt
50 g ham in reepjes gesneden
100 g gepelde garnalen
15 ml / 1 el sojasaus
15 ml / 1 el droge sherry of rijstwijn
5 ml/1 theelepel suiker
5 ml/1 theelepel zout

Smeer de vis in met maïsmeel. Verhit de olie en fruit hierin de ui en knoflook licht goudbruin. Voeg de vis toe en bak aan beide kanten goudbruin. Leg de vis op een stuk aluminiumfolie in een lange pan en bedek met de ham en garnalen. Voeg de sojasaus, wijn of sherry, suiker en zout toe aan de pan en meng goed. Giet over de vis, sluit de aluminiumfolie erop en bak in een voorverwarmde oven op 150°C/300°F/gasstand 2 gedurende 20 minuten.

gestoofde sojavis

voor 4 personen

1 grote zeebaars of soortgelijke vis

zout

50 g bloem (universeel)

60 ml / 4 eetlepels arachideolie

3 plakjes gehakte gemberwortel

3 lente-uitjes (lente-uitjes), fijngehakt

250 ml / 8 fl oz / 1 kopje water

45 ml / 3 el sojasaus

15 ml / 1 el droge sherry of rijstwijn

2,5 ml/¬Ω theelepel suiker

Maak de vis schoon, pel hem en markeer hem diagonaal aan beide kanten. Bestrooi met zout en laat 10 minuten staan. Verhit de olie en bak de vis aan beide kanten goudbruin, keer een keer om en besprenkel met olie tijdens het bakken. Voeg de gember, bieslook, water, sojasaus, wijn of sherry en suiker toe, breng aan de kook, dek af en laat 20 minuten koken tot de vis gaar is. Serveer warm of koud.

Sojavis met oestersaus

voor 4 personen
1 grote zeebaars of soortgelijke vis
zout
60 ml / 4 eetlepels arachideolie
3 lente-uitjes (lente-uitjes), fijngehakt
2 plakjes gehakte gemberwortel
1 teentje knoflook, geplet
45 ml / 3 el oestersaus
30 ml / 2 el sojasaus
5 ml/1 theelepel suiker
250 ml / 8 fl oz / 1 kop visbouillon

Maak de vis schoon, pel hem en snijd hem een paar keer diagonaal aan elke kant. Bestrooi met zout en laat 10 minuten staan. Verhit het grootste deel van de olie en bak de vis aan beide kanten goudbruin, één keer keren. Verhit ondertussen de rest van de olie in een aparte pan en fruit hierin de sjalotten, gember en knoflook lichtbruin. Voeg de oestersaus, sojasaus en suiker toe en roerbak 1 minuut. Voeg de bouillon toe en breng aan de kook. Giet het mengsel bij de goudvis, breng aan de kook, dek af en laat ca.

15 minuten tot de vis gaar is, een of twee keer keren tijdens het koken.

gestoomde zeebaars

voor 4 personen

1 grote zeebaars of soortgelijke vis
2,25 l / 4 pakjes / 10 kopjes water
3 plakjes gehakte gemberwortel
15 ml / 1 eetlepel zout
15 ml / 1 el droge sherry of rijstwijn
30 ml / 2 el arachideolie

Maak de vis schoon en ontschub hem en snij beide zijden meerdere malen schuin in. Kook water in een grote pan en voeg de rest van de ingrediënten toe. Leg de vis in het water, dek goed af, zet het vuur uit en laat 30 minuten staan tot de vis gaar is.

Gestoofde vis met champignons

voor 4 personen

4 Chinese gedroogde paddenstoelen

1 grote karper of soortgelijke vis

zout

45 ml / 3 el arachideolie

2 lente-uitjes (lente-uitjes), fijngehakt

1 plakje gehakte gemberwortel

3 teentjes knoflook, fijngehakt

100 g / 4 oz bamboescheuten, in reepjes gesneden

250 ml / 8 fl oz / 1 kop visbouillon

30 ml / 2 el sojasaus

15 ml / 1 el droge sherry of rijstwijn

2,5 ml/¬Ω theelepel suiker

Week de champignons 30 minuten in warm water en giet ze af. Gooi de stelen weg en snijd de uiteinden af. Snijd de vis aan beide kanten meerdere keren diagonaal in, bestrooi met zout en laat 10 minuten staan. Verhit de olie en bak de vis aan beide kanten lichtbruin. Voeg de sjalotten, gember en knoflook toe en bak 2 minuten. Voeg de resterende ingrediënten toe, breng aan de kook, dek af en kook gedurende 15 minuten tot de vis gaar is, één of twee keer keren en af en toe roeren.

zoete en zure vis

voor 4 personen

1 grote zeebaars of soortgelijke vis

1 losgeklopt ei

50 g maïsmeel (maïszetmeel)

frituurolie

Voor de saus:

15 ml / 1 el arachideolie

1 groene paprika, in reepjes gesneden

100 g / 4 oz ananasstukjes op siroop

1 ui, in blokjes

100 g / 4 oz / ¬Ω kopje bruine suiker

60 ml/4 eetlepels kippenbouillon

60 ml/4 eetlepels wijnazijn

15 ml / 1 el tomatenpuree (puree)

15 ml / 1 el maizena (maizena)

15 ml / 1 el sojasaus

3 lente-uitjes (lente-uitjes), fijngehakt

Maak de vis schoon en verwijder eventueel de vinnen en kop. Doop in het losgeklopte ei en vervolgens in de maïsmeel. Verhit de olie en bak de vis goudbruin. Laat goed uitlekken en houd warm.

Verhit voor de saus de olijfolie en fruit hierin de paprika, uitgelekte ananas en ui 4 minuten. Voeg 30 ml/2 eetlepels ananassiroop, suiker, bouillon, wijnazijn, tomatenpuree, maïsmeel en sojasaus toe en breng onder voortdurend roeren aan de kook. Breng al roerend op laag vuur aan de kook tot de saus helder en ingedikt is. Giet over de vis en serveer bestrooid met bieslook.

Vis gevuld met varkensvlees

voor 4 personen

1 grote karper of soortgelijke vis

zout

100 g varkensgehakt (gemalen)

1 sjalot (lente-uitjes), gesnipperd

4 plakjes gehakte gemberwortel

15 ml / 1 el maizena (maizena)

60 ml / 4 el sojasaus

15 ml / 1 el droge sherry of rijstwijn

5 ml/1 theelepel suiker

75 ml / 5 el arachideolie

2 teentjes knoflook, fijngehakt

1 ui, in plakjes

300 ml/¬Ω pt/1° kopjes water

Maak de vis schoon en pel hem en bestrooi met zout. Meng het varkensvlees, bieslook, een beetje gember, maïzena, 15ml/1 el sojasaus, wijn of sherry en suiker en vul de vis. Verhit de olie en bak de vis aan beide kanten lichtbruin, haal uit de pan en giet de meeste olie af. Voeg de resterende knoflook en gember toe en roerbak tot ze lichtbruin zijn.

Voeg de rest van de sojasaus en het water toe, breng aan de kook en laat 2 minuten koken. Doe de vis terug in de pan, dek af en kook ongeveer 30 minuten tot de vis gaar is, een of twee keer keren.

gestoofde pittige karper

voor 4 personen

1 grote karper of soortgelijke vis
150 ml/¬°pt/¬Ω royale kop arachideolie
15 ml / 1 eetlepel suiker
2 teentjes knoflook, fijngehakt
100 g / 4 oz bamboescheuten, in plakjes
150 ml/¬°pt/¬Ω royale kop visbouillon
15 ml / 1 el droge sherry of rijstwijn
15 ml / 1 el sojasaus
2 lente-uitjes (lente-uitjes), fijngehakt
1 plakje gehakte gemberwortel
15 ml / 1 el wijnazijn zout

Maak de vis schoon, ontschub hem en laat hem enkele uren in koud water weken. Maak schoon en droog en knip elke kant een paar keer. Verhit de olie en bak de vis aan beide kanten stevig. Haal uit de pan en giet en bewaar alles behalve 2 eetlepels / 30 ml olie. Voeg suiker toe aan de pan en roer tot het donker is. Voeg knoflook en bamboescheuten toe en meng goed. Voeg de overige ingrediënten toe, breng aan de kook en doe de vis terug in de pan, dek af en kook ongeveer 15 minuten tot de vis gaar is.

Leg de vis op een hete plaat en zeef de saus erover.

Kalfsvlees Met Oestersaus

voor 4 personen

15 ml / 1 el arachideolie

2 teentjes knoflook, fijngehakt

450 g entrecote, in plakjes

100 g champignons

15 ml / 1 el droge sherry of rijstwijn

150 ml/¬°pt/¬Ω royale kop kippenbouillon

30 ml / 2 el oestersaus

5 ml / 1 tl bruine suiker

zout en versgemalen peper

4 lente-uitjes, in plakjes

15 ml / 1 el maizena (maizena)

Verhit de olie en bak de knoflook licht goudbruin. Voeg vlees en champignons toe en bak tot ze lichtbruin zijn. Voeg wijn of sherry toe en bak 2 minuten. Voeg de bouillon, oestersaus en suiker toe en breng op smaak met zout en peper. Breng aan de kook en kook, af en toe roerend, gedurende 4 minuten. Voeg de lente-uitjes toe. Meng de maïsmeel met een beetje water en roer in de pan. Breng al roerend op laag vuur aan de kook tot de saus helder en ingedikt is.

www.ingramcontent.com/pod-product-compliance
Lightning Source LLC
Chambersburg PA
CBHW050347120526
44590CB00015B/1598